KOCHEN OHNE FIRLE FANZ

HINWEISE ZUM BUCH

- Wichtigster Küchenhelfer: die Kumme. Sie taucht in den meisten Rezepten auf – und wer nicht aus Norddeutschland kommt und die Kumme nicht kennt, findet auf Seite 11 alles, was man dazu wissen muss.
- Die Temperaturangaben bei den Backofenrezepten beziehen sich immer auf einen Elektroherd mit Ober- und Unterhitze. Wer gerne mit Umluft arbeitet, reduziert die angegebene Temperatur um 20 °C.
- Wenn nicht anders angegeben, ist bei Zubereitungen im Backofen immer die mittlere Schiene gemeint.
- Die Zeitangaben beziehen sich auf die Dauer der Zubereitung bis zur kompletten Fertigstellung des Gerichts – also inklusive möglicher Backzeiten, Zeiten zum Gehen des Hefeteigs etc.
- Taucht in der Zutatenliste „Öl zum Frittieren" auf, so ist damit immer hitzebeständiges und geschmacklich neutrales Öl gemeint. Kalt gepresstes, natives Öl – sonst immer eine gute Wahl – ist in diesen Fällen ungeeignet, da es bei hoher Hitze verbrennen würde.

ehrliches essen

Kochen

ohne Firle Fanz

INHALT

TACH, DER MARCO VON „EHRLICHES ESSEN"! SCHÖN, DASS IHR DIESES BUCH AUFGESCHLAGEN HABT. HEUTE MACHEN WIR ...

... so muss das Buch anfangen, das meinem Kanal ähneln soll. Aber damit gehe ich ja davon aus, dass ihr – werte Leser oder werte Leserinnen – mich und meinen Kanal kennt ... Daher also jetzt erst mal für alle, die mich nicht kennen und solche, die es trotzdem hören wollen:

Mein Name ist Marco, ich bin 44 Jahre alt und lebe im wunderschönen Friesland. Und als Hobby habe ich einen YouTube-Kanal - genannt: Ehrliches Essen.

Seit 2012 koche und brutzele ich mich in über 370 Videos durch die große Videoplattform YouTube und dabei schauen mir mittlerweile über 200.000 Abonnenten zu. Eine Frage bekomme ich seit Jahren immer wieder mal als Mail, auf Facebook, als Kommentar unter meinen Videos und ab und an auch bei persönlichen Treffen:

„Bringst du auch mal ein Kochbuch heraus?"

Meine Antwort war immer die gleiche: „Ja, würde ich gerne, aber bisher fehlt mir der richtige Partner."

Den habe ich nun gefunden. Zusammen mit dem Verlag NGV habe ich die Möglichkeit bekommen, dieses spitzenmäßige Kochbuch zu machen und zwar genau so, wie ich es immer wollte: eine bunte Mischung aus alten Rezepten aus den Videos, ganz neuen Rezeptideen aus den klassischen Rubriken, die ich auch immer in meinen Videos bediene, vielen eingestreuten Tipps und Tricks und natürlich auch kleinen, kurzweiligen Anekdoten rund um meinen Kanal und das YouTuber-Dasein. Und das Ganze so umgesetzt, wie ich es auch seit 2012 auf meinem Kanal mache: einfach, locker, flockig und ehrlich!

Ich hoffe, ihr habt beim Lesen und Nachkochen mindestens genauso viel Spaß, wie ich beim Schreiben hatte!

Danke für eure Unterstützung,

immer hungrig bleiben

euer

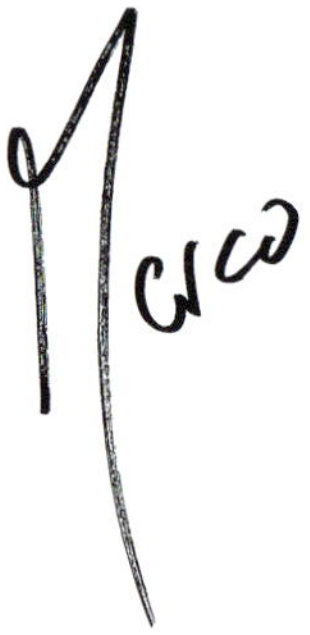

OVER DOZENS

KOCHEN? YES, YOU CAN!

Ok, Leute, meine wichtigste Erkenntnis ganz am Anfang: Kochen ist kein Hexenwerk, das kriegt eigentlich jeder hin und jede. Aber genauso, wie wir zum Schreiben Stift und Papier brauchen oder eine Tastatur, brauchen wir auch zum Kochen ein wenig Hardware, ohne die geht's einfach nicht. Die Hardware, die ich verwende, möchte ich euch natürlich nicht vorenthalten und statt salbungsvoller Worte folgen hier daher meine Empfehlungen für eure ...

... GRUNDAUSSTATTUNG!

Also zunächst wäre natürlich eine Küche von Vorteil. Dabei spielt es übrigens überhaupt keine Rolle, ob es sich um eine Küchenzeile im Appartement handelt oder um eine 20.000-Euro-Küche. Meine Rezepte könnt ihr überall kochen. ☺

Gehen wir also davon aus, dass ihr eine Küche habt oder zumindest irgendwo kochen könnt. (Ansonsten gäbe es ja auch kaum einen Grund, dieses Buch zu kaufen. Außer, ihr wisst nicht wohin mit eurem Geld. Sollte das der Fall sein, dann schreibt mich an – ich schicke dann meine Kontonummer ...)
Zurück zum Thema: Was braucht ihr noch?

TÖPFE

Das Wichtigste sind Töpfe! Pfannen kann man notfalls durch einen Topf ersetzen, aber einen Topf kann man nicht ersetzen. Bevor ihr also irgendwas anderes kauft: Besorgt euch Töpfe!

Kleine Töpfe

Die erste Wahl sollte ein kleiner Topf sein, am besten mit Stiel – also ein Stieltopf. Dieser kleine Alleskönner bietet euch die Möglichkeit, alles an Saucen, Suppen und Gemüse zuzubereiten. Und gebt ihr ein bisschen Öl in den Topf, spart ihr euch auch die Fritteuse. Wenn ihr jetzt noch darauf achtet, dass der Topf eine Antihaftbeschichtung hat und im besten Fall einen Schüttrand oder Ausguss, dann ist das schon nahezu perfekt. Gute Töpfe machen übrigens keinen Unterschied, ob ihr einen Gas-, Elektro- oder Induktionsherd habt.

Große Töpfe

Viel hilft viel! Zumindest gilt das beim Topf. Es gibt zwar dutzende Zwischengrößen, aber wenn wir von MUST-HAVES reden, dann ist es ein kleiner Topf und ein großer! Nudeln, Kartoffeln, eine große Men-

ge Suppe oder deftiger Eintopf – alles kein Problem für einen großen Topf. Selbst Anbraten oder Schmoren ist in einem Topf machbar. Achtet nur drauf, dass ihr einen mit Deckel kauft. Sonst dauert es gefühlte Stunden, bis das Wasser kocht. Auch die „Wanddicke" eines Topfes ist nicht ganz unwichtig. Als Faustregel gilt: Je dicker das Material, desto besser hält der Topf die Hitze.

PFANNEN

Die Pfanne – es gibt eigentlich nichts, was ich häufiger nutze in der Küche. Egal, ob zum Frühstück fürs Spiegelei, für den Burger, das Steak oder, oder, oder.

Und trotzdem braucht es hier nicht tausend verschiedene Ausführungen – auch wenn es „nice to have" ist. Nach meiner bescheidenen Meinung reichen zwei ordentliche Pfannen. Eine Allround-Küchenpfanne – gerne etwas tiefer, damit auch mal ein Schnitzel drin schwimmen kann – und eine Grillpfanne (auch wenn die „Grillstreifen" nur kosmetischer Natur sind ... oder grade deswegen). Das Auge isst ja bekanntlich mit.

Natürlich gilt bei Pfannen genauso wie bei den Töpfen: Lieber einmal etwas Ordentliches, an dem ihr lange Freude habt, als mehrfach etwas Billiges, was nach einem halben Jahr kaputt ist. Glaubt mir, ihr ärgert euch mehr über Pfannen, deren Boden uneben ist und in denen Butter oder Fett ständig in eine Ecke laufen oder die sich bei der ersten Hitze verbiegen, als über einen 20 oder 30 Euro höheren Preis.

Zur Beschichtung: Ich bin ein Fan von antihaftbeschichteten Pfannen, denn nichts ist nerviger als eingebrannte Reste aus Pfannen zu kratzen. Ja, eine gusseiserne Pfanne macht vielleicht beim Steak ein schöneres Branding oder beim Burger 'ne bessere Kruste, aber wenn ihr das erste Mal eingebrannten Käse abschrubben musstet, dann wisst ihr, was ich meine. Und ganz ehrlich: Meine Burger und Steaks werden in antihaftbeschichteten Pfannen immer super!

MESSER

Messer sind für viele ja eine Art Religion. Da verstehen einige keinen Spaß! Und am besten ist dann sowieso irgendein Japan-Damast-Messer, das bei Temperaturen unter 0 °C auf dem Himalaya vor Sonnenaufgang bei leichtem Südwestwind von einem tibetanischen Mönch geschmiedet wurde. Alles andere taugt nichts. BLÖDSINN!
Für den Otto Normalverbraucher bzw. die Otto Normalverbraucherin reicht ein ganz normales, scharfes Kochmesser. Ein gutes Kochmesser ist universell einsetzbar: ihr könnt damit schneiden (wär' ja auch sonst kein Messer), Kräuter wiegen und Nüsse hacken. Und bei Messern gilt: das kann auch ein günstiges sein. Wenn es nicht gerade das allerbilligste Messer vom Grabbeltisch ist, dann kann man das Messer auch regelmäßig nachschleifen bzw. nachschleifen lassen.

Ich persönlich fahre mit einem Messerblock hervorragend – auch wenn ich zugeben muss, dass ich davon eigentlich nur zwei Messer regelmäßig nutze, nämlich oben erwähntes Kochmesser und das Brotmesser. Alle anderen Messer sind relativ jungfräulich. ☺

DAS BRETT

Wer etwas schneiden will, der braucht ein Brett. Und hier gilt für mich: die Größe macht den Unterschied. Das Brett sollte so groß sein, dass auch mal ein ganzes Stück Fleisch drauf passt oder meinetwegen ein ganzer Salatkopf.

Aber das ist nicht das Einzige, was ich als wichtig erachte: Ein gutes Küchenbrett sollte noch über zwei weitere Eigenschaften verfügen: Es sollte rutschfest sein, sonst schneidet man sich gerne mal, und es sollte über Rillen an den Rändern verfügen, damit austretende Flüssigkeiten und Säfte nicht sofort auf die Arbeitsfläche laufen.

Was aber bei einem Brett auch nicht ganz unwichtig ist: es ist ein Hingucker in jeder Küche. Wenn ihr also mal nicht wisst, was ihr euch wünschen könntet – lasst euch ein schönes Holzbrett schenken.

„Holz? Das ist doch total unhygienisch!", höre ich schon die Ersten schreien. „Nein, im Gegenteil!", antworte ich. „Holzbretter wirken sogar antibakteriell."

Und tatsächlich: Während sich bei einem Plastikbrett in den Rillen, die durch die Messerschnitte entstehen, Keime und Bakterien festsetzen können, wirkt beim Holz die enthaltene Gerbsäure antibakteriell. Und das mit jedem Schnitt, wieder und wieder. Und außerdem sind Holzbretter ganz leicht zu reinigen: einfach mit kaltem Wasser abwaschen und danach mit heißem Wasser nachspülen.

DIE KUMME

Das Wichtigste in der Küche ist und bleibt die Kumme!

Okay, vielleicht nicht wirklich, aber zumindest hat die Kumme den besten Namen. Du kennst den Begriff nicht? Dann kommst du vermutlich nicht aus Norddeutschland.

Kum|me
/Kụmme/
Substantiv, feminin [die]
Seemannssprache und norddeutsch
für Schüssel

Die Kumme (oder meinetwegen Schüssel) kommt quasi immer dann zum Einsatz, wenn irgendwas vermischt, durchmengt, abgewogen, gewaschen oder sonst wie verarbeitet werden muss. Und deswegen gilt hier: besser haben als brauchen. Man kann gar nicht genug Kummen in allen Größen besitzen. Zumindest braucht es mindestens zwei – eine große und eine kleine. Und nenn es in Zukunft Kumme!

... und etwas, was kaum jemand mit der Küche in Verbindung bringt: ein Infrarot-Thermometer aus dem Baumarkt! Klingt bescheuert, aber damit kann man all das messen, in das man nicht seinen Finger reinstecken möchte. Ich messe damit gerne mal die Temperatur der Pfanne (ab 150-160 °C lässt es sich schön braten) oder noch besser: die Temperatur von Fett beim Frittieren, wenn man keine Fritteuse hat. 175 °C sind super – über 190 °C bitte nicht!

Wer kein Infrarot-Thermometer hat, kann bei der Fritteuse auch den Holzstäbchen-Test anwenden. Der geht so: Haltet ein Holzstäbchen oder einen Kochlöffelstiel in das erhitzte Öl. Wenn sich daran kleine Bläschen bilden, ist die richtige Temperatur erreicht.

So, mehr fällt mir nicht ein, was ihr zum Kochen noch weiter brauchen könntet – deshalb wünsch ich euch jetzt erst einmal viel Spaß mit dem Buch, den vielen Rezepten und Geschichten – und natürlich: „Guten Hunger!"

euer Marco

WEITERE KÜCHENHELFER

Sie passen in eine Küchenschublade oder in den Schrank, haben zum Teil seltsame Formen, sind oftmals unscheinbar und doch so wichtig: die vielen kleinen Küchenhelferchen!

Dazu zähle ich:

- → Küchenschere
- → Sparschäler
- → Korkenzieher
- → Pfannenwender
- → Suppenkelle
- → Kochlöffel
- → Messbecher
- → Küchenwaage
- → Multireibe
- → Schneebesen
- → Dosenöffner
- → Fleischthermometer

SNACKS & CO.

DOUBLE CHEESE SANDWICH

10 Min.

ZUTATEN FÜR 1 SANDWICH

2 Scheiben Toastbrot
etwa 2 El Butter zum Bestreichen
etwa 6 El geriebener Käse zum Bestreuen

DIE STORY ZUM REZEPT:

Ich war/bin ein großer Fan der Serie „Scrubs", und eine der Hauptfiguren, „Dr. Christopher Duncan Turk", verlangt immer mal wieder ein Double Cheese Sandwich von seiner Frau Carla. Und immer, wenn ich das gesehen habe, lief mir das Wasser im Mund zusammen. Da war schnell klar: Das Rezept muss ich mal nachmachen …

Das „Double Cheese Sandwich" ist eines der ersten Videos, das ich auf YouTube hochgeladen habe und auch eines der allerbeliebtesten – fast 1.000.000-Mal haben sich Menschen dieses Rezept-Video angeschaut – der absolute Cheese-Wahnsinn.

HOW TO:

Die Toastscheiben jeweils auf einer Seite ordentlich buttern. (Und wenn ich „ordentlich" sage, dann meine ich ORDENTLICH!)

Dann die erste Scheibe mit der gebutterten Seite nach unten in die heiße Pfanne (Stufe 4 von 6) legen. Die obere Seite schön üppig mit geriebenem Käse bedecken.

Das zweite Toast mit der gebutterten Seite nach oben auf den Käse legen und 30 Sekunden mit einem Küchenspatel anpressen. Nach etwa 2 Minuten Bratzeit das Sandwich umdrehen, sodass nun die gebräunte Seite oben liegt.

Etwas geriebenen Käse auf die obere Seite geben und nach ca. 2 Minuten mithilfe des Küchenspatels wenden. In der Pfanne anpressen und die andere Seite auch mit etwas Käse bestreuen. Nach weiteren 2–3 Minuten das Sandwich nochmals wenden. Nochmals etwa 1 Minute auf der zweiten Käseseite braten, dann aus der Pfanne nehmen, in der Mitte diagonal aufschneiden und genießen. ☺

CHILI CHEESE NUGGETS

1 Std. 30 Min.

ZUTATEN FÜR 20–25 STÜCK

2 Packungen Scheibletten-Käse à 250 g (ja, den ganz günstigen)
3–4 Jalapeños
Salz & Pfeffer
2 Eier
ca. 200 g Mehl (Type 405)
ca. 200 g Paniermehl

Außerdem:
Öl zum Frittieren

HOW TO:

Zunächst den Käse möglichst klein schneiden, dann schmilzt dieser besser. Die Jalapeños halbieren, entkernen und ebenfalls klein schneiden.

Den Käse in einer Edelstahlkumme über einem heißen Wasserbad schmelzen. Wenn er flüssig ist, die Jalapeños unterrühren, gleichmäßig verteilen und mit Salz und Pfeffer würzen.

Eine flache Plastikkumme mit Klarsichtfolie auslegen, die Käsemasse einfüllen und im Tiefkühler auskühlen lassen. Das dauert ca. 1 Stunde – dann ist die Masse schön fest, aber noch nicht tiefgefroren.

Den „Käseblock" auf ein Schneidebrett stürzen, von der Folie befreien und in 20–25 Stücke schneiden. Drei flache Schalen bereitstellen. In einer Schale die Eier verquirlen, in die zweite Schale das Mehl geben und in die dritte Schale das Paniermehl.

Die Nuggets anschließend wie ein Schnitzel panieren: erst im Mehl wenden, dann ins verquirlte Ei tauchen und danach im Paniermehl wenden. Anschließend die Nuggets noch mal ins Ei tauchen und ein zweites Mal im Paniermehl wenden.

In einem Topf oder in der Fritteuse ausreichend Frittieröl auf 180 °C erhitzen (siehe Holzstäbchen-Test auf Seite 11). Anschließend die Chili Cheese Nuggets 2–3 Minuten unter Wenden goldbraun im Fett frittieren.

GANZ EHRLICHER TIPP

MACHT GLEICH MEHR VON DEN NUGGETS – DENN DAS PANIEREN VON DEN „KLEINEN SCHEISSERCHEN" IST EINE ECHTE „KLEEKRAM"-AUFGABE. EINFACH PANIEREN, KURZ ANFRITTIEREN UND DANN WEGFRIEREN.

GANZ EHRLICHER TIPP

MIT DEN KLEINEN PARTYWÜRSTCHEN LÄSST SICH EIN SUPER MINI-SNACK MACHEN. BEI KINDERGEBURTSTAGEN EIN ABSOLUTER RENNER (NATÜRLICH OHNE CAYENNEPFEFFER)!

CORN DOGS

10 Min.

ZUTATEN FÜR 12 STÜCK

Für den Teig:

100 g Mehl (Type 405)
100 g Maismehl
2 Eier
200 ml Milch
50 ml Öl
1 El Zucker
1 Tl Salz
1 Tl Cayennepfeffer
½ Päckchen Backpulver

Außerdem:

6 Wiener Würstchen oder Bockwürste
12 Schaschlikspieße aus Holz
Öl zum Frittieren

GANZ EHRLICHER TIPP

DA DER HOLZSPIESS IN DER HAND GEHALTEN WERDEN MUSS, ZIEHT IHR EUCH AM BESTEN EINEN KÜCHENHANDSCHUH AN – ODER IHR HALTET DEN SPIESS MIT EINER KÜCHENZANGE.

Der Corn Dog (Mais-Hund) gehört zur US-Imbisskultur wie bei uns die Currywurst. Aber während man in den USA die Currywurst nicht wirklich kennt, ist der Corn Dog bei uns total unbekannt. Dabei ist dieser Snack schnell zu machen und total lecker.

HOW TO:

Aus den Teigzutaten einen Corn-Dog-Teig herstellen: dafür alles in eine Kumme geben und gut verrühren.

Den Teig in ein hohes Glas füllen (da muss ein halbes Würstchen der Länge nach reinpassen).

Die Würstchen quer halbieren und jeweils mit der Schnittkante nach unten auf einen Holzspieß stecken. Das Ganze sieht dann ein bisschen aus wie ein Wurstlolli.

In einem Topf oder einer Fritteuse ausreichend Öl auf 180 °C erhitzen. Sobald das Öl heiß genug ist (siehe Holzstäbchen-Test auf Seite 11), den Wurstspieß in den Teig tauchen, ein bisschen hin und her drehen, damit sich der Teig ums Würstchen legt, und dann sofort ins heiße Öl halten. Ca. 3 Minuten goldbraun frittieren.

PRETZEL DOGS

1 Std. 15 Min.

ZUTATEN FÜR CA. 16 STÜCK

Für den Teig:
640 g Mehl (Type 405)
2 Tl Zucker
2 Tl Salz, 2 El Öl
1 Würfel Hefe (42 g)

Außerdem:
ca. 16 kleine Bockwürstchen
geriebener Käse nach Wunsch

Für die Lauge:
1 Päckchen Kaiser-Natron

HOW TO:

Alle Zutaten für den Teig mit 360 ml lauwarmem Wasser in eine Schüssel geben und vermengen. Dann 10 Minuten kneten, den Teig zu einer Kugel rollen und anschließend 20–45 Minuten abgedeckt gehen lassen.

Den Teig in 100 bis 120 Gramm schwere Kugeln aufteilen und auf der Arbeitsfläche mit den Händen zu langen Teigwürsten rollen. Um jede Bockwurst eine Teigwurst drehen, sodass auf beiden Seiten die Wurst ein wenig herausschaut.

In einem größeren Topf 2–3 Liter Wasser zum Kochen bringen, das Natron dazugeben (Achtung: Es schäumt stark!) und unsere Pretzel Dogs für ca. 30 Sekunden ins Wasser geben. Darauf achten, dass sie komplett vom Wasser bedeckt sind, bzw. ab und an mal umdrehen.

Den Backofen auf 180 °C vorheizen und ein Backblech mit Backpapier belegen. Die Pretzel Dogs mit einer Schöpfkelle aus dem Laugenbad heben, auf dem Backblech verteilen und nach Wunsch mit Käse bestreuen. Etwa 15 Minuten goldbraun backen, dann heiß, warm oder auch kalt genießen.

DIE STORY ZUM REZEPT:

Der Pretzel Dog hat bei mir einiges verändert. Nicht nur, dass er mir einen Mallbesuch rettete, er ebnete mir auch den Weg in eine breitere Öffentlichkeit: das Fernsehen. Denn nachdem ich den Pretzel Dog in den USA mehrfach gegessen hatte (es war Liebe auf den ersten Biss), bemerkte ich, dass es diesen hierzulande nicht gibt. Ich machte ihn also für mich und meine Kids zu Hause nach, drehte davon auch ein YouTube-Video und stellte es online. Dieses Video sah eine TV-Redakteurin, die auf der Suche nach Kandidaten für eine RTL-Sendung mit Hobbyköchen war. So kam es, dass ich bei der RTL-Sendung „Das Erfolgsrezept" mit meinem Rezept vom Pretzel Dog mitmachte und diese am Ende auch als Sieger verließ. Das Witzige daran: Die eigentliche USA-Reise, durch die ich den Pretzel Dog kennenlernen durfte, habe ich wiederum durch ein Gewinnspiel auf YouTube gewonnen.

JALAPEÑO POPPERS

40 Min.

ZUTATEN FÜR 24 STÜCK

12 frische Jalapeños, 250 g Frischkäse, 200 g geriebener Cheddar, Salz & Pfeffer, Knoblauchpulver **Außerdem:** ca. 200 g Mehl (Type 405), ca. 200 g Paniermehl, 2 Eier, Öl zum Frittieren

Die Jalapeño Poppers sind mein persönlicher Lieblings-Käse-Snack: Die Jalapeños bringen eine schöne Schärfe mit, der Frischkäse löscht den Brand auf der Zunge gleichzeitig ein bisschen, und außerdem schmecken diese Poppers kalt wie warm.

HOW TO:

Die Jalapeños halbieren und von den Kernen befreien.

Frischkäse und geriebenen Käse in einer Kumme vermengen und mit Salz, Pfeffer und Knoblauchpulver würzen.

Die Jalapeño-Hälften mit der Masse füllen, in eine flache Schale stellen und für 15–20 Minuten in den Froster geben.

Mehl und Paniermehl auf Schalen verteilen. In einer dritten Schale die Eier verquirlen. Die eiskalten Jalapeño-Hälften zuerst mehlieren, dann im verquirlten Ei wenden und anschließend mit Paniermehl ummanteln. Zum Schluss nochmals im Ei wenden und mit Paniermehl bedecken.

Wenn alle Jalapeños paniert sind, in einer Pfanne mit hohem Rand, in einem Topf oder in der Fritteuse reichlich Öl erhitzen (siehe Holzstäbchen-Test auf Seite 11) und die Jalapeños portionsweise auf jeder Seite für 3–4 Minuten goldgelb ausbacken.

GANZ EHRLICHER TIPP

WER ES FEURIGER MAG, DER NIMMT SCHÄRFERE CHILIS – UND WER ES GAR NICHT PIKANT MAG, DER NIMMT PIMIENTOS DE PADRON (BRATPAPRIKA). PIMIENTOS SIND AUCH EINFACHER ZU BEKOMMEN ALS FRISCHE JALAPEÑOS.

GANZ EHRLICHER TIPP

WER KEINE LUST AUF STICKS HAT, DER KANN SICH DIE MOZZARELLAMASSE AUCH ZU BÄLLCHEN FORMEN – DIE SEHEN NUR ANDERS AUS, SCHMECKEN ABER GENAUSO. ☺

1 Std.

MOZZARELLA STICKS

MIT RED PEPPER DIP

ZUTATEN FÜR 8 STÜCK

Für die Sticks:
2 Kugeln Mozzarella (45 %)
Salz & Pfeffer
Knoblauchpulver
Chiliflocken

Für die Sauce:
6 El Ketchup
1 El Honig
1 Tl scharfe Sauce
Knoblauchpulver
Pfeffer

Zum Panieren:
ca. 100 g Mehl (Type 405)
ca. 200 g Paniermehl
2 Eier

Außerdem:
Öl zum Frittieren

HOW TO:

Die beiden Mozzarellakugeln auspacken und mit den Händen in kleine Stücke zupfen – je kleiner und feiner, desto besser. Anschließend die Masse mit Salz, Pfeffer, Knoblauchpulver und Chiliflocken kräftig würzen und vermengen.

Mit leicht feuchten Händen etwas von der Masse abnehmen und zu kleinen Sticks formen. Wenn alles verarbeitet ist, die Sticks für ca. 10 Minuten in den Froster geben.

Danach Mehl und Paniermehl in zwei kleinen Kummen bereitstellen. In einer dritten Kumme die Eier verquirlen. Nun die Sticks vorsichtig erst im Mehl wenden, dann in die Eimasse tauchen und dann im Paniermehl wenden. Anschließend erneut durchs Ei ziehen und nochmals im Paniermehl wenden.

Die panierten Sticks am besten noch mal für 15–30 Minuten in den Froster geben.

Währenddessen die Sauce zubereiten: dafür Ketchup mit Honig und scharfer Sauce vermengen – mit Knoblauchpulver und Pfeffer würzen und gut umrühren. Fertig!

In der Zwischenzeit ausreichend Öl im Topf oder in einer Fritteuse auf 180 °C erhitzen (siehe Holzstäbchen-Test auf Seite 11). Danach die Mozzarella Sticks für 2 Minuten goldgelb frittieren. Zusammen mit dem Red Pepper Dip genießen.

CAMEMBERT SPREAD BAGUETTE

10 Min.

ZUTATEN FÜR 4 STÜCK/2 PORTIONEN

1 Zwiebel, 1 Knoblauchzehe, 250 g gereifter Camembert, 1 El Petersilie (TK), 2 Brötchen vom Vortag, 1 Tomate

Dieses Rezept ist ein typischer Vertreter der Art: „Mein Gott, ist das simpel und doch sooooo lecker!" Eigentlich vermischt man hier nur Sachen, die man fast immer im Kühlschrank hat, und ergänzt alles mit einem Brötchen vom Vortag ... dass daraus so was Grenzgeniales wird, davon muss man sich wirklich selbst überzeugen.

HOW TO:

Den Backofen auf 180 °C vorheizen. Zwiebel und Knoblauch schälen und fein hacken. Den Camembert mit einer Gabel zerdrücken.

Zwiebel, Knoblauch, Camembert und die Petersilie in eine kleine Kumme geben und ordentlich vermengen.

Die Brötchen aufschneiden, mit der Masse bestreichen, auf einem Backblech verteilen und 5 Minuten überbacken.

Die Tomate in Streifen schneiden und nach dem Backen auf den Brötchenhälften als Garnitur verteilen.

GANZ EHRLICHER TIPP

DEN CAMEMBERT KANN MAN AUCH AUSTAUSCHEN: NEHMT ZUR HÄLFTE SCHMAND UND ZUR ANDEREN HÄLFTE GERIEBENEN KÄSE, WÜRZT ALLES MIT OREGANO – UND SCHON WIRD DARAUS EIN SCHNELLES PIZZA SPREAD.

MEGA SALAMIROLLE

1 Std. 15 Min.

ZUTATEN FÜR CA. 30 SCHEIBEN

Für den Teig:

640 g Mehl (Type 405)
2 Tl Zucker
2 Tl Salz
2 El Öl
1 Würfel Hefe (42 g)

Außerdem:

200 g geriebener Mozzarella
650 g Dauersalami am Stück

HOW TO:

Alle Zutaten für den Teig in eine große Kumme geben und mit 360 ml lauwarmem Wasser vermengen. 10 Minuten durchkneten, dann zur Kugel formen und anschließend abgedeckt 20–45 Minuten gehen lassen.

Den Backofen auf 160 °C vorheizen. Den Teig zu einer langen Rolle ausrollen (was auch sonst bei einer Rolle) und mit dem Nudelholz platt walzen (so, dass der Teig die Salami umschließen kann).

Längs in die Mitte die Hälfte des geriebenen Mozzarellas streuen, dann die Salami (ohne Hülle – also verzehrfertig) ebenso in die Mitte legen und zum Schluss den Teig darum herumrollen. Fest andrücken und alles auf ein mit Backpapier belegtes Blech legen.

Den restlichen Käse oben auf die Rolle verteilen und im oberen Drittel des Backofens 8–10 Minuten goldbraun backen.

Für die Party dann daumendicke Scheiben schneiden und servieren ...

DIE STORY ZUM REZEPT:

Ich liebe Bifi Rolls (<- unbezahlte Werbung ☺) und wollte einmal zur Party kleine, selbst gemachte Bifi Rolls anbieten.

Aber bereits nach der dritten Rolle hatte ich keinen Bock mehr auf das Gewickel ... also habe ich mir eine große Frühstückssalami aus dem Kühlschrank geholt und eine große Rolle gemacht.

Leider waren die Stücke später schneller weg, als ich gucken konnte. Deshalb habe ich mir ein paar Tage später meine eigene Rolle gemacht ... und ganz alleine gegessen ...

GANZ EHRLICHER TIPP

WER SICH EINEN FERTIGEN PIZZATEIG HOLT, DER BEKOMMT NATÜRLICH EIN ÄHNLICH GUTES ERGEBNIS! ALS ABWANDLUNG KÖNNT IHR AUF DIE FERTIG GEWICKELTE ROLLE UNTER DEM KÄSE NOCH TOMATENSAUCE VERTEILEN.

GANZ EHRLICHER TIPP

WER MAG, GIBT IN DIE CHEESE SAUCE EINFACH NOCH EINEN ORDENTLICHEN SPRITZER SCHARFE SAUCE ODER EIN PAAR CHILIFLOCKEN. AUSSERDEM KÖNNEN DIE BITES VOR DEM BACKEN NOCH MIT KÄSE BESTREUT WERDEN.

PRETZEL CHEESE BITES

1 Std. 15 Min.

ZUTATEN FÜR CA. 30 STÜCK

Für den Teig:
640 g Mehl (Type 405)
2 Tl Zucker
2 Tl Salz
2 El Öl
1 Würfel Hefe (42 g)

Für die Cheese Sauce:
ca. 125 ml Sahne
ca. 100 g geriebener Cheddar

Für die Lauge:
1 Päckchen Kaiser-Natron

HOW TO:

Alle Zutaten für den Teig in eine Schüssel geben, mit 360 ml lauwarmem Wasser vermengen und 10 Minuten durchkneten. Anschließend zu einer Kugel formen und abgedeckt 20–45 Minuten gehen lassen.

Den Teig zu einer langen Rolle ausrollen (schon wieder – genau wie bei der Mega Salamirolle), dann platt rollen und anschließend wieder der Länge nach aufrollen.

Jetzt aus der Rolle mit einem Messer kleine Stücke schneiden, genau so groß wie gewünscht. Bis zur weiteren Verwendung die Stückchen einfach ruhen lassen.

In einem Topf die Sahne erwärmen und nach und nach den geriebenen Cheddar dazugeben. Unter ständigem Rühren in der Sahne schmelzen. Sobald alles glatt ist, den Herd auf kleinste Stufe stellen und die Sauce warm halten. Den Backofen auf 180 °C vorheizen und ein Backblech mit Backpapier auslegen.

In einem größeren Topf 2–3 Liter Wasser zum Kochen bringen, das Natron dazugeben (Achtung: schäumt stark) und unsere Teigstückchen für ca. 30 Sekunden ins Wasser geben. Darauf achten, dass diese komplett vom Wasser bedeckt sind, bzw. die Teigstückchen ab und an mal umdrehen.

Mit einer Schaumkelle herausheben, abtropfen lassen und auf dem Backblech verteilen. Etwa 10 Minuten goldbraun backen.

Die Cheese Sauce in eine Schüssel geben und auf einem großen Teller in die Mitte stellen. Die Pretzel Bites drum herum geben und servieren.

HUSH PUPPIES

25 Min.

ZUTATEN FÜR CA. 15 STÜCK

2–3 eingelegte Jalapeños
2–3 El Mais aus der Dose
100 ml Buttermilch
1 Ei
1 Tl Backpulver
½ Tl Salz
150 g Maismehl
75 g Weizenmehl (Type 405)

Außerdem:
Öl zum Frittieren

Maismehl und Frittieren – das ist irgendwie eine magische Kombination. Das Maismehl poppt so herrlich auf, und so „explodieren" diese Hush Puppies gleich zweimal – einmal im heißen Öl und danach als Geschmacksbombe im Mund.

HOW TO:

Die Jalapeños in kleine Stücke schneiden. Den Mais in ein Sieb geben und abtropfen lassen.

Buttermilch und Ei in eine große Kumme geben und vermengen. Backpulver, Salz, die beiden Mehlsorten sowie die klein geschnittenen Jalapeños und den abgetropften Mais dazugeben und gut verrühren. Das Ganze dann mal 10–15 Minuten ruhig stehen und quellen lassen.

Ausreichend Frittieröl in einem Topf oder einer Fritteuse auf 180 °C erhitzen (siehe Holzstäbchen-Test auf Seite 11). Die Masse in ca. 15 kleine Bällchen formen (Das Maismehl poppt ordentlich auf – mach also die Bällchen nicht zu groß). Mit einem Löffel in das heiße Fett geben und goldbraun ausbacken.

GANZ EHRLICHER TIPP

HUSH PUPPIES KANN MAN TOLL VARIIEREN, Z. B. MIT KLEIN GEHACKTEN FRÜHLINGSZWIEBELN, ETWAS PETERSILIE, CAYENNEPFEFFER ODER CHILIFLOCKEN IM TEIG.

TOAST PIZZA POCKETS

15 Min.

ZUTATEN FÜR 4 STÜCK

100 g Salami, 100 g geriebener Käse, 3 El Pizzasauce (s. S. 112), 4 Scheiben American Sandwich Toast **Außerdem:** Öl zum Frittieren

Diese kleinen Röllchen sind typische Vertreter der Snack-Art: „Was haben wir denn noch so da?“ Macht den Kühlschrank auf, improvisiert ein bisschen, und schon habt ihr einen leckeren, schnellen Snack, bei dem man nicht vermutet, dass es eigentlich nur gefüllter, frittierter Toast ist.

HOW TO:

Die Salami klein schneiden, dann mit dem geriebenen Käse und Pizzasauce vermengen.

Die Toastscheiben vom Rand befreien und jede Scheibe mit einer Flasche oder einem Nudelholz so platt wie möglich rollen.

Die Füllung als Häufchen auf die Scheiben verteilen – dabei unbedingt die Ränder frei lassen. Die Ränder mit Wasser bestreichen. Die Scheiben anschließend aufrollen. Das Ende festdrücken und die offenen Seiten zusammendrücken.

Ausreichend Frittieröl in einem Topf oder einer Fritteuse auf 180 °C erhitzen (siehe Holzstäbchen-Test auf Seite 11). Die Toast Pizza Pockets ins heiße Öl geben und goldbraun ausbacken.

GANZ EHRLICHER TIPP

DIE FÜLLUNG IST HIER EIGENTLICH KOMPLETT AUSTAUSCHBAR. OB SALAMI, THUNFISCH, CHILI-CON-CARNE-RESTE – VOLLKOMMEN SCHNURZPIEPEGAL … DIE DINGER SIND IN JEDER KOMBI EIN MEGAGEILER SNACK.

FRITTIERTE CHICKEN BALLS

50 Min.

ZUTATEN FÜR 10–12 STÜCK

Für den Teig:

240 ml lauwarme Milch
1 Tl weiche Butter
1 Tl Trockenhefe
etwas Salz
240 g Mehl (Type 405)

Für das Hähnchen:

500 g Hähnchenbrustfilet
Salz & Pfeffer

Außerdem:

Bratfett
ca. 100 g Mehl (Type 405)
2 Eier
ca. 100 g Pankomehl oder Paniermehl
Öl zum Frittieren
10–12 Holzspieße

HOW TO:

Für den Teig die erwärmte Milch mit der Butter in einer Kumme vermischen, dann die Trockenhefe und das Salz dazugeben und alles verrühren. Das Mehl nach und nach untermischen – entweder in der Küchenmaschine oder mit den Knethaken des Handrührers. Den klebrigen Teig abgedeckt rund 30 Minuten stehen lassen.

In der Zwischenzeit das Hähnchenbrustfilet in kleine, ca. 2 cm große Würfel schneiden und mit Salz und Pfeffer würzen.

Bratfett in einer Pfanne erhitzen und die Hähnchenstücke darin goldgelb braten. Anschließend in eine Kumme geben und auskühlen lassen.

Den Teig (ja, er ist immer noch ein wenig klebrig) mit nassen Händen in kleinen Portionen aus der Kumme holen, platt drücken und in die Mitte ein Würfel Hähnchen geben. Den Teig um das Hähnchenstück legen, zusammendrücken und zu einem Ball formen.

Mehl, verquirlte Eier und Pankohlmehl oder Paniermehl in drei Schalen geben. Die Chicken Balls erst mehlieren, dann ins gequirlte Ei geben und anschließend in Pankomehl oder Paniermehl wenden.

Ausreichend Frittieröl in einem Topf oder einer Fritteuse auf 180 °C erhitzen (siehe Holzstäbchen-Test auf Seite 11). Die Chicken Balls auf Holzspieße stecken (immer zwei oder drei Bällchen auf einen Spieß) und dann goldbraun frittieren.

GANZ EHRLICHER TIPP

AUCH WENN MAN ES NICHT ÜBERALL BEKOMMT: PANKOMEHL IST DIE SUCHE WERT. PANKO IST HELLER UND GRÖBER ALS HERKÖMMLICHES PANIERMEHL, DENN ES WIRD NUR AUS DEM BROTINNEREN HERGESTELLT.

TACO WRAPS

30 Min.

ZUTATEN FÜR 10–12 STÜCK

1 Zwiebel
2–3 Knoblauchzehen
2–3 El Bratöl
500 g Rinderhack
1 Tl Paprikapulver
1 Tl Oregano
½ Tl Kreuzkümmel
½ Tl gemahlener Koriander
1 Tl Salz, ½ Tl Pfeffer
1 Msp. Cayennepfeffer
2–3 El Tomatenmark
10–12 Weizenwraps

Außerdem:
½ Kopf in Streifen geschnittener Eisbergsalat
200 g geriebener Cheddar zum Bestreuen
Sour Cream zum Servieren

Taco Wraps sind eigentlich Tacos to go. Die Fleischfüllung wird hier praktisch eingerollt, die Wraps sind damit auch unterwegs toll zu essen.

HOW TO:

Zwiebel und Knoblauch schälen, die Zwiebel in Würfel schneiden, den Knoblauch klein hacken.

Bratöl in eine Pfanne geben. Zwiebel und Knoblauch leicht andünsten, dann das Hackfleisch dazugeben. Alles bei mittlerer Hitze anbraten. Nach 2–3 Minuten die gesamten Gewürze und das Tomatenmark dazugeben und gut durchmengen. Nach 5–6 Minuten ca. 100 ml Wasser dazugeben und alles für insgesamt 10–12 Minuten köcheln lassen. Währenddessen den Backofen auf 180 °C vorheizen und ein Backblech mit Backpapier belegen.

Die Wraps ausrollen, mit Eisbergsalat belegen, die Tacomasse darauf verteilen und mit Käse bestreuen. Die Wraps zusammenrollen, auf dem Blech verteilen und im Backofen ca. 5 Minuten knusprig backen. Anschließend halbieren und mit etwas Sour Cream anrichten.

QUESO FUNDIDO

40 Min.

ZUTATEN FÜR 6–8 PORTIONEN

1 Zwiebel
1 rote Paprikaschote
1 gelbe Paprikaschote
1 grüne Paprikaschote
1–2 Jalapeños
500 g Rinderhack
2 El Öl
2 El Tomatenmark
Salz & Pfeffer
2 El Paprikapulver
150 g geriebener Gouda oder Emmentaler
150 g geriebener Cheddar
100 g geriebener Mozzarella

Außerdem:
Taco-Chips zum Dippen
Koriander oder Petersilie zum Bestreuen

Wenn es ein Rezept gibt, das so ziemlich alles vereint, was ich liebe, dann ist es dieser Queso-fundido-Dip. Fleisch, Käse, Käse und noch mehr Käse – dann noch Jalapeños: Snack-Herz, was willst du mehr? Wer sich diesen herzhaft pikanten Dip einmal zu Taco-Chips gemacht hat, der wird in Zukunft die einfache Käsesauce fast schon langweilig finden.

HOW TO:

Die Zwiebel schälen und würfeln. Die Paprikaschoten halbieren, entkernen und ebenfalls würfeln. Die Jalapeños in Ringe schneiden.

Zunächst das Hackfleisch in einer beschichteten Pfanne im heißen Öl scharf anbraten, dann die Zwiebel, die Paprikaschoten und die Chilis dazugeben. Tomatenmark, Gewürze und 2–3 Esslöffel Wasser dazugeben, alles gründlich verrühren und das Ganze leicht einköcheln lassen. Währenddessen den Backofen auf 180 °C vorheizen.

Die Pfanne vom Herd nehmen, den gesamten Käse dazugeben und unterrühren. Die Hackfleischmasse anschließend in eine Auflaufform füllen. Für 10–15 Minuten in den Ofen geben.

Danach aus dem Ofen holen, Taco-Chips zum Dippen an den Rand stecken, alles mit Koriander- oder Petersilienblättchen bestreuen und genießen!

GANZ EHRLICHER TIPP

WER KEINE LUST AUF CHIPS HAT, DEM EMPFEHLE ICH ZU DEM DIP MAL BAGUETTESCHEIBEN. UND RICHTIG STYLISH WIRD DAS GANZE MIT MAISBROT ...

FRITTIERTE DEVIL EGGS

10 Min.

ZUTATEN FÜR 24 STÜCK

12 hart gekochte Eier **Zum Panieren:** ca. 100 g Mehl (Type 405), 3 aufgeschlagene Eier, ca. 200 g Paniermehl **Für die Füllung:** 5 El Mayonnaise, 1 Tl Senf, 1 Tl Sriracha-Sauce, Salz & Pfeffer, Paprikapulver **Außerdem:** Öl zum Frittieren

Russische Eier kennt man von den Partybuffets dieser Welt. Diese amerikanische Version legt noch mal einen drauf: Knusprig frittiert und mit scharfer Sauce sind die Fried Devil Eggs auf jeder Party nicht nur ein leckerer Snack, sondern auch ein echter Hingucker auf dem Buffet.

HOW TO:

Die hart gekochten Eier – nach dem Schälen natürlich – der Länge nach aufschneiden und das Eigelb entfernen.

Die Eierhälften dann wie ein Schnitzel behandeln – also erst mehlieren, dann ins verquirlte Ei tauchen und danach im Paniermehl wenden.

Reichlich Öl in eine Pfanne geben und die Eierhälften für 2–3 Minuten frittieren. Mit einer Schaumkelle herausheben und auf einem Küchenkrepp abtropfen lassen.

Das gesamte Eigelb in eine Kumme geben. Mayonnaise, Senf und die scharfe Sauce hinzugeben, alles verrühren und mit Salz und Pfeffer abschmecken.

Die Eigelbmasse mit einem Teelöffel oder mithilfe eines Spritzbeutels in die Eierhälften verteilen. Mit Paprikapulver bestäuben und genießen.

GANZ EHRLICHER TIPP

HABT IHR PANKOMEHL? DANN PROBIERT DIE FRIED DEVIL EGGS MAL MIT PANKO AUS – DIE GRÖBEREN KRUMEN GEBEN NOCH MAL EINE GANZ ANDERE OPTIK.

WIE ENTSTAND EIGENTLICH DER KANAL?

Mein erstes Video habe ich im September 2012 hochgeladen. Thema: die Burger-Sauce eines bekannten Fastfood-Riesen. Man kann es bis heute sehen – obwohl ich damals komplett unsicher war und man mir das auch anmerkt ... Aber wie kam es denn überhaupt dazu, dass ich plötzlich einen YouTube-Kanal machen wollte? Ich war zum damaligen Zeitpunkt selbstständig mit einer kleinen Werbeagentur – zusammen mit meinem damaligen Kollegen und Kompagnon Alex. Irgendwann Ende August/Anfang September 2012 habe ich abends im TV eine Reportage über deutsche YouTuber gesehen und am nächsten Tag im Büro Alex erzählt, dass ich von den zehn vorgestellten YouTubern mindestens die Hälfte unterhaltungstechnisch in die Tasche stecken würde. Ja, an Selbstbewusstsein hat es mir auch damals nicht gemangelt ... Alex wollte das aber nicht einfach so stehen lassen und meinte: „Na, dann beweis deine große Klappe mal und mach einen Kanal auf."

Tja, und da auch ich der Meinung bin, dass man liefern muss, wenn man sein Maul aufreißt, habe ich mir auf dem Rückweg von der Arbeit beim Discounter einen günstigen HD ready Camcorder gekauft und noch abends Videos über Videoschnitt angesehen ... aber eine Idee für den Kanal war noch nicht geboren. Was würde ich denn zeigen können, was die Menschen interessiert? Was konnte ich denn überhaupt halbwegs anständig? Die Idee kam dann schließlich von meiner Frau, die mir noch mal klar machte, dass sich meine Burger immer großer Beliebtheit erfreuten. Von diesem Punkt bis zur Idee, einen Fast-Food-Kanal zu machen, war es dann nicht mehr weit.

Übrigens: Das „Hjamjamjamjam" aus dem Intro hat damals mein Kollege Alex eingesprochen. Das ist bis heute zu hören und es erinnert mich immer wieder an unsere „Wette". Und auch, wenn es nie einen Wetteinsatz gab: Ich glaube, die Wette habe ich gewonnen ... und danke Alex – ohne deine Herausforderung hätte es den Kanal „Ehrliches Essen" wohl nie gegeben!

„ICH BIN DER MEINUNG, DASS MAN LIEFERN MUSS, WENN MAN SEIN MAUL AUFREISST"

EHRLICHES ESSEN? WIE KAM ES DENN ZU DEM NAMEN?

Da muss ich erst einmal ein bisschen ausholen, denn bevor es den Kanal gab, gab es ja noch einen Moment, an dem ich das Kochen für mich entdeckt habe ...

Ich bin ehrlich: Bis etwa Anfang 30 habe ich mich fürs Kochen so gar nicht interessiert. Ok, ich hab' mal 'ne Bratwurst gegrillt oder ein Kotelett gebraten, aber gekocht? Hab' ich so gar nicht. Und dann passierten zwei Dinge: Erstens startete eine TV-Sendung namens „Schmeckt nicht – gibt's nicht" mit Tim Mälzer (den ich bis heute tief bewundere, für das, was er erreicht hat). Zweitens war ich damals zuständig fürs Abendbrot, weil meine Frau damals noch ganztags arbeiten ging. Wenn es etwas Warmes geben sollte stand ich da, wie ein armer Knilch, und tastete mich mit der erwähnten Sendung und einigen Rezepten aus dem Internet langsam ans Kochen ran. Irgendwann bekam ich dann Unterstützung von meinem Nachbarn Heiko, der ebenfalls abends kochte und so entschieden wir, zukünftig einmal die Woche gemeinsam etwas für uns und unsere Frauen zu kochen.

Da wir beide totale Anfänger waren, gab es für die Rezeptauswahl vier wichtige Bedingungen:

1. **Es sollte einfach sein.**
2. **Es durfte nicht zu teuer sein (falls es in die Hose ging).**
3. **Natürlich sollte es lecker sein.**
4. **Auf jeden Fall sollte es ausreichend sein und wir sollten alle satt werden.**

„DAS ESSEN MUSS EHRLICH SEIN, EHRLICHES ESSEN EBEN"

Heiko drückte es anders aus. Er sagt immer: „Das Essen muss ehrlich sein, ehrliches Essen eben." Zwar ist Heiko dann irgendwann – genauso wie ich – umgezogen und wir haben seitdem auch nicht mehr zusammen gekocht, aber als ich dann etwa 12 Jahre später meinen YouTube-Kanal eröffnete, gab es für mich nur einen passenden Namen: „Ehrliches Essen"! Und so haben heute zwei Menschen maßgeblich Schuld an meinem Kanal bzw. dessen Namen: Tim Mälzer und mein damaliger Nachbar Heiko – und beide grüße ich an dieser Stelle!

STREET & TREND FOOD

PULLED CHICKEN SANDWICH

25 Min.

ZUTATEN FÜR 2 SANDWICHES

2 Hähnchenbrustfilets (à ca. 150 g), 1 El Öl, Salz & Pfeffer, 2 Tomaten, 2 Ciabatta-Brötchen, 3–4 El Mayonnaise, 2–3 Blätter Lollo Bianco, 3 El scharfe Sauce

Pulled Chicken ist schnell und einfach zu machen und dabei soooo lecker! Während Pulled Pork über Stunden garen muss, erreicht man hier nach knapp 20 Minuten ein super Ergebnis.

HOW TO:

Die Hähnchenbrustfilets in einer Pfanne im heißen Öl bei hoher Hitze auf jeder Seite 4–5 Minuten braten. Dann kräftig salzen und pfeffern und 250 ml Wasser angießen. Mit einem Deckel verschließen und 10 Minuten bei mittlerer Hitze köcheln lassen.

Die Hähnchenbrüste herausnehmen, in eine hohe Schale legen und mithilfe von zwei Gabeln auseinanderzupfen (pullen).

Die Tomaten in Scheiben schneiden. Die Ciabatta-Brötchen halbieren und längs aufschneiden, sämtliche Hälften mit Mayo bestreichen. Die unteren Ciabatta-Hälften mit Lollo Bianco belegen und darauf das gepullte Hähnchen verteilen. Die Tomatenscheiben darüberlegen und nach Geschmack mit etwas scharfer Sauce beträufeln. Deckel drauf – fertig.

GANZ EHRLICHER TIPP

NACH DEM „PULLEN" DES CHICKENS KÖNNT IHR DAS HUHN AUCH NOCH MAL KURZ IN DIE PFANNE GEBEN UND MIT BBQ-SAUCE VERMENGEN. SO BEKOMMT IHR EIN TOLLES BBQ PULLED CHICKEN SANDWICH.

FRIED RIBS

25 Min.

ZUTATEN FÜR CA. 18 STÜCK

2 Spare Ribs (à ca. 550 g pro Leiter)
Salz & Pfeffer
Cayennepfeffer
100–200 g Mehl (Type 405)

Außerdem:
Öl zum Frittieren
Taco-Chips und BBQ-Sauce zum Servieren

Vielleicht schütteln manche den Kopf: „Jetzt dreht der Kerl ganz durch und frittiert auch noch Rippchen!" Ja, macht er, und das Ergebnis ist einfach nur ein Knaller. Die Rippchen werden von außen wunderbar knusprig und bleiben von innen supersaftig.

HOW TO:

Die Spare Ribs von der Silberhaut befreien – also auf der unteren Seite mit einem Löffel unter die Silberhaut gehen und dann mit einem Küchentuch anfassen und abziehen. Danach die Rippchen in Stücke schneiden – jeweils direkt vor dem nächsten Knochen – also so, dass jedes Stück Fleisch einen Knochen hat.

Die Rippchen salzen, pfeffern und mit Cayennepfeffer würzen. Das Mehl in eine große Kumme geben, die Rippchenstücke darin portionsweise mit den Händen kräftig durchmengen, sodass die Stückchen komplett mehliert sind.

In einem Topf oder in einer Fritteuse ausreichend Frittieröl auf 180 °C erhitzen (siehe Holzstäbchen-Test auf Seite 11) und die Rippchen ca. 10 Minuten frittieren. Anschließend auf Küchenpapier abtropfen lassen und in einem Korb zusammen mit Taco-Chips und BBQ-Sauce servieren.

GANZ EHRLICHER TIPP

WER VON DER FÜLLUNG NOCH WAS ÜBRIG HAT, DER KANN MAL CHILI-CON-CARNE-PIZZA AUSPROBIEREN: PIZZATEIG (SEITE 108), RESTE, KÄSE DRÜBER UND AB IN DEN OFEN!

TACOS MIT CHILI-CON-CARNE-FÜLLUNG

45 Min.

ZUTATEN FÜR 8–10 STÜCK

2 Zwiebeln, 2 El Öl, 500 g Rinderhackfleisch, 1 Dose Kidneybohnen (Abtropfgewicht 285 g), 1 kleine Dose Mais (Abtropfgewicht 140 g), 400–500 g passierte Tomaten, Salz & Pfeffer, 1 Tl Chilipulver, 1 Tl edelsüßes Paprikapulver, 1 Tl gemahlener Kreuzkümmel, 200 g saure Sahne, 1 El gehackte Petersilie (TK), 8–10 Taco-Shells

Ich gebe zu, ich fand diese Taco-Shells früher irgendwie immer albern und unnötig – bis ich das erste Mal im USA-Urlaub einen Taco bei der wohl bekanntesten Tex-Mex-Kette (die mit der Glocke) gegessen habe. Seitdem freue ich mich immer wieder über einen tollen Taco.

HOW TO:

Die Zwiebeln schälen und in ganz kleine Stücke schneiden. In einem Topf das Öl erhitzen und die Zwiebeln darin andünsten. Das Hack dazugeben und beides zusammen 5–6 Minuten bei gelegentlichem Rühren anbraten.

Kidneybohnen und Mais in ein Sieb abgießen und in den Topf geben. Die passierten Tomaten dazugeben. Alles mit Salz, Pfeffer, Chili, Paprikapulver und Kreuzkümmel abschmecken und für ca. 30 Minuten köcheln lassen.

Für den Dip die saure Sahne etwas salzen und mit der Petersilie mischen. Den Backofen auf 120 °C vorheizen und die Tacos darin kurz warm werden lassen.

Die Taco-Shells mit dem Chili füllen und einen Klecks von unserem Saure-Sahne-Dip draufklecksen.

SÜSSKARTOFFELPOMMES

40 Min.

MIT BLITZ-CHILI-KNOBLAUCH-MAYO

ZUTATEN FÜR 4 PORTIONEN

Für die Pommes:
3 große Süßkartoffeln
100–200 g Speisestärke
Salz

Für die Blitz-Mayo:
200 ml Öl
1 Ei
½ Tl Senf
1 Msp. Salz
1 Msp. gemahlener Pfeffer
1 Tl Zitronensaft
2 Knoblauchzehen
Chiliflocken

Außerdem:
Öl zum Frittieren

Der Trend der Süßkartoffelpommes hat mich zunächst überhaupt nicht erreicht, denn alle Versionen, die ich irgendwo mal probiert hatte, kamen labberig und langweilig rüber. Mit dem Kniff der Speisestärke werden die Sweet Fries aber schön knusprig.

HOW TO:

Die Süßkartoffeln schälen und in pommesartige Streifen schneiden. In einer Kumme mit Wasser bedecken und ca. 30 Minuten wässern. Anschließend in ein Sieb abgießen und auf Küchentüchern ordentlich trocknen.

In einer Kumme die Pommes mit der Speisestärke vermischen (sodass alle Süßkartoffelpommes mit Stärke bedeckt sind) und zum Schluss die überflüssige Stärke abschütteln.

Ausreichend Frittieröl in einem Topf oder einer Fritteuse auf 180 °C erhitzen (siehe Holzstäbchen-Test auf Seite 11) und die Süßkartoffelstäbchen portionsweise 6–7 Minuten frittieren.

In der Zwischenzeit Öl, Ei, Senf, Salz, Pfeffer und Zitronensaft in ein hohes Gefäß geben. Die Knoblauchzehen schälen und dazugeben. Den Pürierstab ganz unten in das Gefäß setzen, anschalten, kurz rühren und dann langsam hochziehen, damit die Blitz-Chili-Knoblauch-Mayo entsteht. Wenn die Mayo fest ist, Chiliflocken nach Belieben einrühren und die fertigen Süßkartoffelpommes zusammen mit der Mayo servieren.

GANZ EHRLICHER TIPP

DIE POMMES LASSEN SICH AUCH IM BACKOFEN ZUBEREITEN. DAFÜR POMMES AUF DEM BLECH VERTEILEN UND MIT ÖL BESTREICHEN. BEI 200 °C CA. 25 MINUTEN BACKEN, DABEI EINMAL WENDEN.

CHICKEN BURRITOS

25 Min.

ZUTATEN FÜR 4–6 BURRITOS

1 Zwiebel
1 kleine Knoblauchzehe
2 El Öl
400 g Hähnchenbrustfilet
Salz & Pfeffer
1 El Tomatenmark
200 g Reis
1 El edelsüßes Paprikapulver
4–5 Jalapeño-Ringe
½ Dose Mais (Abtropfgewicht 140 g)
½ Dose Kidneybohnen (Abtropfgewicht 285 g)
4–6 Tortilla-Wraps
250 g Salsa (Pico de Gallo)
250 g Sour Cream

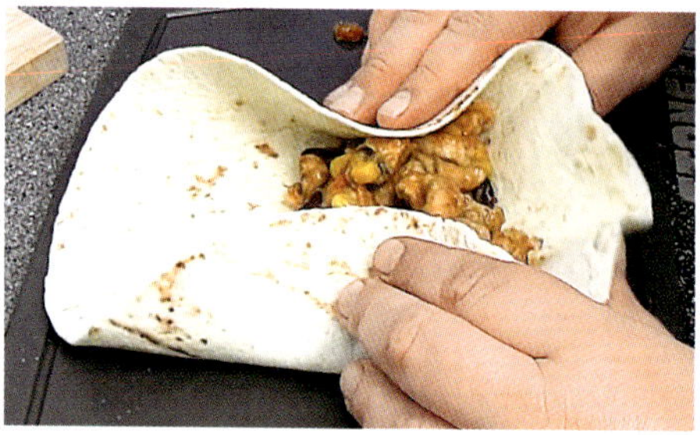

Ein Burrito ist der König der Wraps – und gehört zu meinen Lieblingsspeisen der Tex-Mex-Küche. „Burrito" bedeutet übrigens „kleiner Esel" und kommt wahrscheinlich daher, dass die eingerollten Leckereien an die Transporttaschen erinnern, die Esel früher auf dem Rücken trugen.

HOW TO:

Zwiebel und Knoblauch schälen und ganz klein schneiden. In einer Pfanne das Öl erhitzen und zunächst die Zwiebel darin 2 Minuten andünsten. Dann den Knoblauch dazugeben und kurz mitschwitzen.

Das Hähnchenbrustfilet in kleine Streifen schneiden und ebenfalls in die Pfanne geben. Salzen, pfeffern und kräftig anbraten. Das Tomatenmark dazugeben und kurz anbraten, dann den Reis unterrühren. Alles mit dem Paprikapulver bestäuben, dann die Hitze reduzieren. 400 ml Wasser dazugießen, die Jalapeño-Ringe hinzugeben und die Mischung so lange köcheln lassen, bis der Reis die Flüssigkeit aufgenommen hat und gar ist. Den Backofen auf 120 °C vorheizen.

Mais und Kidneybohnen in ein Sieb abgießen und zum Schluss ebenfalls in die Pfanne geben und dort erhitzen. Alles mit Salz und Pfeffer abschmecken.

Die Tortilla-Wraps im Ofen kurz erwärmen, mit etwas Inhalt aus der Pfanne füllen, etwas Salsa und/oder Sour Cream drübergeben, einwickeln und genießen.

GANZ EHRLICHER TIPP

ALLES WIRD BESSER, WENN MAN ES FRITTIERT! SOBALD MAN EINEN BURRITO IM HEISSEN FETT BADET, HEISST ER CHIMICHANGA. LÄSST MAN DEN WRAP GANZ WEG UND GIBT DIE MASSE MIT ETWAS SALAT IN EINE KUMME, HAT MAN EINE BURRITO BOWL.

CHEESE CARNE TORTILLAS

15 Min.

ZUTATEN FÜR 4 PORTIONEN

1 El Öl
500 g Rinderhackfleisch
Salz & Pfeffer
Chilipulver
2 Tüten Taco-Chips
250 g geriebener Käse
Jalapeño-Ringe nach Belieben

Außerdem:
Fett für die Form

Klingt jetzt vielleicht komisch, aber da, wo ich herkomme, haben wir einen speziellen Namen für alles, was weich, vermischt, überbacken und lecker ist: Das nennen wir Schlotze! Und dieses Gericht ist allerfeinste Schlotze … überbackene, eingetauchte Taco-Chips mit Fleisch und Käse …

HOW TO:

Den Backofen auf 180 °C vorheizen. Eine Auflaufform einfetten. In einer Pfanne das Öl erhitzen, Rinderhack hineingeben und anbraten, dabei schön zerdrücken. Mit Salz, Pfeffer und Chilipulver würzen.

Den Boden der Auflaufform mit Taco-Chips auslegen, dann das Rinderhack einfüllen, mit Käse bedecken und rund um den Rand eine Reihe Taco-Chips bilden. Im Ofen 5–6 Minuten backen, bis der Käse verlaufen ist.

Herausnehmen, die restlichen Tacos in den Auflauf stecken und die Jalapeño-Ringe drüberstreuen.

LANGOSCH MIT CREME

55 Min.

ZUTATEN FÜR CA. 25 STÜCK

Für die Creme:
200 g saure Sahne
200 g Schmand
Salz & Pfeffer
4 Knoblauchzehen

Für die Langosch:
100 ml Milch
1 Päckchen Trockenhefe
2 Tl Zucker
500 g Mehl (Type 550)
2 Tl Salz

Außerdem:
Öl zum Frittieren
1 El gehackte Petersilie (TK)

Langosch oder ja eigentlich Làngos ist eine ungarische Spezialität. Ich habe sie das erste Mal auf einem Mittelaltermarkt gegessen und war überrascht, wie lecker ein Stück frittierter Hefeteig sein kann …

HOW TO:

Saure Sahne und Schmand verrühren, mit Salz und Pfeffer würzen. Den Knoblauch schälen, fein würfeln und dazugeben. Alles verrühren und kalt stellen.

Für die Langosch in einer großen Kumme die Milch mit 250 Milliliter warmem Wasser mischen, sodass eine handwarme Flüssigkeit entsteht. Trockenhefe, Zucker und 1 Esslöffel Mehl dazugeben. Verrühren und kurz stehen lassen.

Danach das restliche Mehl und das Salz in die Schüssel geben und mit einer Knetmaschine (Knethaken) den Teig so lange kneten, bis er nicht mehr klebt (gegebenenfalls etwas mehr Mehl hinzugeben). Den Teig zu einer Kugel formen, abdecken und ca. 30 Minuten gehen lassen.

Ausreichend Frittieröl in einem Topf oder einer Fritteuse auf 180 °C erhitzen (siehe Holzstäbchen-Test auf Seite 11). Die Hände etwas wässern und vom Teig kleine Stücke herausreißen. Die Stücke zu Fladen ziehen, der Rand darf gerne dicker bleiben, und dann in das heiße Öl geben. Je nach Größe des Topfes oder der Fritteuse 2–3 Stück gleichzeitig frittieren. Die Langosch gehen schön auf und sollten nach einer Zeit gewendet werden. Insgesamt reden wir etwa über 4 Minuten.

Dann aus dem Öl nehmen, kurz auf Küchenpapier abtropfen lassen, mit der Knoblauchcreme bestreichen und etwas Petersilie drübergeben.

GANZ EHRLICHER TIPP

MIT SCHOKOAUFSTRICH, BANANENSTÜCKEN UND PUDERZUCKER HAT MAN EINEN TOLLEN NACHTISCH. MAN KANN DIE AUSGEBACKENEN TEIGLINGE QUASI MIT ALLEM BELEGEN, WAS EINEM SCHMECKT.

KÖFTE-WRAP

2 Std. 20 Min.

ZUTATEN FÜR 4 WRAPS

2 Knoblauchzehen
1 Zwiebel
500 g Kalbshackfleisch
1 Tl edelsüßes Paprikapulver
1 Tl Salz
½ Tl gemahlener Pfeffer
1 Tl Chilipulver
2 Tl gemahlener Kreuzkümmel
2 El gehackte Petersilie
2 El Öl
4 Blätter Eisbergsalat
1–2 Tomaten
½ Gurke
4 Wraps
200 g Zaziki

Es gibt über 290 Köfte-Varianten – als Bällchen, als Röllchen oder Fladen und, und, und … In dieser Version werden die Köfte streetfoodtauglich, denn eingewickelt in einen Wrap mit Salat und Zaziki, lassen sich Köfte – egal in welcher Form – genießen.

HOW TO:

Knoblauch und Zwiebel schälen und ganz fein würfeln. Das Hack mit Knoblauch und Zwiebel vermengen, Paprikapulver, Salz, Pfeffer, Chili, Kreuzkümmel und Petersilie hinzugeben und gut darunterkneten. Dann die Masse für mindestens 1, besser 2 Stunden kalt stellen.

Den Backofen auf 120 °C vorheizen. Die Fleischmasse zu 4 länglichen Rollen formen und diese etwas platt drücken. In einer Grillpfanne das Öl erhitzen und die Köfte auf jeder Seite 5–6 Minuten braten.

In der Zwischenzeit den Eisbergsalat, Tomate und Gurke in Streifen schneiden. Die Wraps im Backofen erhitzen.

Jeden Wrap mit Salat, Tomaten- und Gurkenstücken belegen, darauf die Köfte packen, Zaziki draufgeben, Wrap unten einklappen, dann aufrollen, und fertig ist er schon!

GANZ EHRLICHER TIPP

DIE WASABI-MAYO IST AUCH ZU FLEISCH UND AUF DEM SANDWICH EIN ABSOLUTER KNALLER – MIT DEM GEWISSEN SCHARFEN ETWAS.

SHRIMP BALLS MIT WASABI-MAYO

15 Min.

ZUTATEN FÜR CA. 25 BALLS

Für die Bällchen: 500 g küchenfertige Garnelen (ohne Schale, Kopf, Schwanz und Darm), 1 Tl Salz, ½ Tl gemahlener Pfeffer, 1 Tl Chilipulver oder -flocken, 1 Tl gehackter Dill (TK), 1 Ei, 2–3 El Paniermehl **Für die Mayo:** 4 El Mayonnaise, 1–2 Tl Wasabi-Paste **Außerdem:** Öl zum Braten

Shrimps, Prawns oder King Prawns, was nehme ich denn nun? Völlig egal, denn es sind alles Garnelen! Während in den USA kleine Garnelen Prawns heißen und die großen Shrimps, ist es in Europa genau andersherum. Mit dem Unterschied, dass wir die ganz großen Garnelen King Prawns nennen. Verwirrend? Ja, deswegen zerkleinern wir die Garnelen auch und machen leckere frittierte Bällchen draus.

HOW TO:

Die Garnelen in einer Küchenmaschine zu einer Paste häckseln. Paste in eine Kumme umfüllen und mit den restlichen Zutaten vermengen.

In einer Pfanne reichlich Öl erhitzen. Mit nassen Händen Bällchen formen und im heißen Öl goldbraun braten.

Mayo und Wasabi verrühren. Jedes Bällchen mit einem Zahnstocher versehen und die Wasabi-Mayo zum Dippen bereitstellen.

HOT LIME SHRIMP SATÉS

35 Min.

ZUTATEN FÜR CA. 12 SATÉS

Saft von 3 Limetten, 1–2 El Hot Sauce, 1 Tl Knoblauchgranulat, Salz & Pfeffer, 500 g küchenfertige Garnelen (ohne Kopf, Schwanz und Darm), 1 El Öl **Außerdem:** 12 Holzspieße, Korianderblättchen zum Bestreuen

Diese scharfen Shrimp-Spieße sind ein super Fingerfood, das sich toll vorbereiten lässt und in wenigen Minuten fertig gebraten ist. Optisch ein toller Hingucker und lecker sowieso ...

HOW TO:

Limettensaft, Hot Sauce und Knoblauch vermischen, salzen und pfeffern. Die Garnelen in die Marinade geben und 30 Minuten im Kühlschrank marinieren lassen.

Das Öl in einer Pfanne erhitzen. Die Garnelen auf Spieße stecken und auf jeder Seite 2–3 Minuten braten. Die Spieße mit Koriander bestreuen und servieren.

Ganz ehrlich: Diese Spieße lassen sich auch toll auf dem Grill zubereiten. Einfach in der Küche alles vorbereiten und dann auf jeder Seite 2–3 Minuten direkt grillen.

UND PLÖTZLICH BLINKTE DER ANRUFBEANTWORTER!

Ein Anrufbeantworter – den kennt man heute ja fast ausschließlich vom Handy ... aber: den gab es auch mal als „Stand-alone-Gerät" und so einer stand bei mir im Esszimmer. Am 26.09.2012 veröffentlichte ich ein Rezept für Hamburger-Brötchen, nicht so ein gutes wie jetzt hier im Buch, aber damals war ich mit der Rezeptur sehr zufrieden. Es war übrigens mein zweites Video und ich hatte noch überhaupt kein Wissen um die Wirkung dieser Plattform „YouTube".

Nachdem das Video einige Tage online war, kam ich irgendwann abends nach Hause und mein Anrufbeantworter blinkte. Ein klares Zeichen dafür, dass jemand eine Nachricht für mich hinterlassen hatte. Also: Nachrichtentaste gedrückt und hingehört! Die Stimme kam mir gänzlich unbekannt vor. Auf dem Anrufbeantworter hatte mir ein älterer Herr aus dem Osten Deutschlands gesprochen. Er hätte mein Video gesehen, seine Frau wäre gerade auf Kur und er möchte zum ersten Mal in seinem Leben Hamburger-Brötchen selber machen. Er hätte nur ein Problem: Ich hätte zwar alle Zutaten und deren Mengen genannt, nur bei der Milch hätte ich vergessen anzugeben wie viel davon gebraucht wird.

Damals hatten meine Videos noch keine Einblendungen (weil ich schlicht nicht wusste, wie das ging) und ich hatte auch keine Rezeptangaben in die Videobeschreibung geschrieben ...

Jedenfalls: Der ältere Herr bat mich also, dem nachzugehen und vor allem ihn zurückzurufen – schließlich wollte er die Brötchen spätestens am Wochenende backen. Ich schaute mir also das Video noch mal an und musste feststellen, dass ich wirklich keine Angabe zur Milchmenge gemacht hatte. Entsprechend meiner handschriftlichen Aufzeichnungen, die ich mir damals wie heute noch für die Videos mache (schließlich habe ich nicht alle Rezepte im Kopf), fand ich dann heraus, wie viel Milch benötigt wurde. Danach habe ich die Nummer des Herrn gewählt, der auch schnell abnahm und ihm erklärt, wie viel Milch er nehmen musste.

„ICH HABE DAS ERSTE MAL SO RICHTIG MITBEKOMMEN, DASS MENSCHEN MEINE VIDEOS NICHT NUR KONSUMIEREN, SONDERN AUCH WIRKLICH NACH IHNEN KOCHEN"

Ein Dankeschön später war das Telefonat auch schon zu Ende und ich habe das erste Mal so richtig mitbekommen, dass Menschen meine Videos nicht nur konsumieren, sondern auch wirklich nach ihnen kochen. Das hat mir mächtig imponiert – und ehrlich gesagt auch ein bisschen Angst gemacht.

P.S.: Es waren 180 ml Milch. ☺

KOCHEN WIE BEI OMA!

Die wohl schönste und bewegendste Geschichte verbindet mich mit Jörg. Jörg wohnt in meinem Ort und ist ein treuer Zuschauer. Und das schon sehr lange. Irgendwann hat mich Jörg auf Facebook angeschrieben – er wusste zu diesem Zeitpunkt nicht, dass ich im gleichen Ort wohnte. Er schrieb mir, dass er so gerne meine Videos guckt, weil ihm

a) die Rezepte so gefallen
b) er meine Art mag und
c) er ein seltsam vertrautes Gefühl beim Anblick meiner Videos bekommt.

Wir haben uns eine zeitlang via Messenger unterhalten, ohne herauszubekommen, woher dieses „heimelige" Gefühl kommen könnte. Irgendwann erwähnte er, dass es vielleicht daran liegen könnte, dass meine Küche bzw. die Videoaufnahmen davon ihn irgendwie an die Küche seiner Oma erinnern würden, nur dass alles neuer und moderner war. Aber konnte das sein? Absolut! Wie sich im weiteren Gespräch herausstellte, lebten wir nicht nur im gleichen Ort. Ich hatte auch das Haus seiner Oma gekauft und machte meine Videos aus der Küche seiner Oma – die war nur eben etwas renoviert. Da war klar: den Jörg lädst du zum Burger-Essen ein und so trafen wir uns etwas später bei mir …

Das war – so glaube ich – für beide ein toller Tag. Und bis heute sind Jörg und ich befreundet … und ich betreibe einen Kochkanal aus der ehemaligen Küche von Jörgs Oma.

BURGER & CO.

BRIOCHE BURGER BUNS

2 Std. 15 Min.

ZUTATEN FÜR 6–8 BUNS

30 g frische Hefe
1 El Zucker
190 ml handwarme Milch (3,5 % Fett, Zimmertemperatur)
380 g Mehl (Type 550, alternativ 405)
50 g Butter
½ Tl Salz
1 Ei

Für die Glasur:

1 Eigelb
2 El Milch
Sesamkörner

HOW TO:

Hefe, Zucker, Milch mit 1 Esslöffel Mehl mischen und ca. 10 Minuten abgedeckt stehen lassen.

Die Butter zerlassen und lauwarm mit Salz, Ei und restlichem Mehl zur Hefemischung in die Schüssel geben. In der Küchenmaschine 10 Minuten ordentlich kneten (mit der Hand doppelt so lange).

Den Teig abgedeckt 1 Stunde gehen lassen (zum Beispiel Handtuch drauf und unter die Bettdecke legen). Dann aus der Schüssel nehmen, zu einer dicken Rolle formen und in 8 gleich große Stücke schneiden. Diese mit der Hand zu Kugeln formen, auf ein mit Backpapier belegtes Blech geben und abgedeckt nochmals 30 Minuten stehen lassen.

Den Backofen auf 160 °C vorheizen. Eigelb mit Milch verquirlen, die Buns damit bestreichen und mit Sesamkörnern bestreuen. Auf der mittleren Schiene 15–20 Minuten goldbraun backen.

DIE STORY ZUM REZEPT:

Ja, ich habe hier ein gutes und gelingsicheres Rezept. Damit kann man wirklich tolle Burgerbrötchen machen oder Hotdog Buns – aber: Es kostet wirklich Zeit und auch etwas Mühe. Und vor allen Dingen: Die Küche sieht nach dem Backen immer aus wie Sau. Zumindest bei mir. Daher ist es überhaupt keine Schande, sich auch mal mit gekauften Burger Buns zufriedenzugeben. Dann aber bitte was Vernünftiges! Viele Supermärkte verkaufen mittlerweile Brioche Buns – die sind meistens viel besser als die „normalen" Burgerbrötchen. Oder noch besser: Geh zum Bäcker vor Ort – die meisten Milchbrötchen eignen sich super!

GANZ EHRLICHER TIPP

DIE BRÖTCHEN KANN MAN SUPER EINFRIEREN UND DANN BEIM NÄCHSTEN MAL EINFACH AUFTAUEN LASSEN UND VERWENDEN. ICH MACHE ENTSPRECHEND GERNE MEHR BRÖTCHEN UND FRIERE DIE DANN WEG!

DER GRUNDEHRLICHE BURGER

12 Min.

ZUTATEN FÜR 4 BURGER

Für die Pattys:
600 g Rinderhackfleisch
Salz & Pfeffer

Für die Sauce:
6 El Mayonnaise
3 El Ketchup
1 El Senf
etwas Gurkenwasser

Außerdem:
2 El Öl
4 Scheiben Käse (am besten Cheddar)
1 Tomate
4 Brioche Buns
8 kleine, eingelegte Gurken
4 Blätter Angebersalat (klar, ich meine Lollo Bianco)

HOW TO:

Das Rinderhack zu 4 Pattys à 150 Gramm formen. Die Grillpfanne auf Stufe 4 von 6 erhitzen, das Öl hineingeben und anschließend die Pattys auf jeder Seite ca. 3 Minuten braten. Nach dem Wenden ordentlich würzen und für die letzte Minute den Käse auflegen (nach Belieben erst eine Scheibe Tomate darauflegen und dann den Käse auflegen). Die Pattys aus der Pfanne nehmen, die Buns aufschneiden und mit den Schnittflächen nach unten in der Resthitze anknuspern lassen.

Für die Sauce alles gut verrühren. Der Burgerbau: die Tomate in Scheiben schneiden (wenn das nicht schon geschehen ist), dann die Gurken in Scheiben schneiden. Die untere Bunhälfte mit etwas Sauce bestreichen, Angebersalat darauf verteilen und das Patty mit zerlaufenem Käse auflegen. Danach 2 Tomatenscheiben und 2 Gurkenscheiben auflegen. Die obere Bunhälfte wieder mit etwas Sauce bestreichen und dann alles zusammenklappen.

DIE STORY ZUM REZEPT:

Ich hör die Stimmen: „Jetzt macht er ein Rezept für einen stinknormalen Burger!" Ja, genau! Viele Rezeptbücher enthalten zig exotische Burger, aber der ganz normale Hamburger bleibt außen vor. Dabei baut alles auf diesem Burger auf, und für mich gehört der Klassiker einfach noch zu den besten. Vor allen Dingen mit dieser ultimativen Burgersauce, die alles enthält, was man braucht. Probiert es aus … selten hat euch so ein einfacher Burger so geflasht.

GANZ EHRLICHER TIPP

WER EINE CLOCHE HAT (KÜCHENGLOCKE), DER STÜLPT, NACHDEM DER KÄSE AUF DEM PATTY LIEGT, DIE GLOCKE DARÜBER. WENN DARUNTER NOCH EIN EISWÜRFEL LIEGT, SCHMILZT DER KÄSE TURBOSCHNELL.

„DSCHALLAPENNJO“-BURGER

15 Min.

ZUTATEN FÜR 4 BURGER

Für das Chili-Relish:

2 gehackte Jalapeños
2 gehackte Zwiebeln
1 El Öl
Saft von 1–2 Zitronen
Salz, Zucker

Für die Pattys:

600 g Rinderhackfleisch
3 gehackte Jalapeños (50 g)
1 gehackte Zwiebel (50 g)
Salz & Pfeffer
4 Scheiben Jalapeño- oder anderer Chili-Käse

Außerdem:

2 El Öl
4 Brioche Burger Buns (s. S. 72)
1 Tomate
4–6 El Mayonnaise
4 Blätter Lollo Bianco

HOW TO:

Für das Relish die Jalapeños und Zwiebeln in einer Pfanne im heißen Öl kurz anschwitzen. Anschließend mit Zitronensaft, etwas Salz und etwas Zucker in einer Kumme vermischen und ziehen lassen.

Für die Pattys Rinderhack mit Jalapeños und Zwiebel vermischen und gut durchkneten. Anschließend 4 Pattys à 175 Gramm daraus formen und in einer Grillpfanne im heißen Öl auf beiden Seiten bei Stufe 4 von 6 ca. 3 Minuten braten. Nach dem Wenden den Käse auf die Pattys geben und schön schmelzen lassen.

Nachdem die Pattys aus der Pfanne genommen wurden, die Buns halbieren und die Hälften mit den Schnittflächen nach unten in der Pfanne anrösten.

Der Burgerbau: die Tomate in Scheiben schneiden. Die untere Brötchenhälfte mit etwas Mayonnaise bestreichen und 1 Salatblatt mit 1 Tomatenscheibe draufgegen. Anschließend 1 Patty mit dem geschmolzenen Käse auflegen und etwas Chili-Relish auf dem Käse verteilen. Abschließend die obere Brötchenhälfte auf den Burger legen und genießen. Mahlzeit.

DIE STORY ZUM BURGER:

Früher hatte ich große Probleme, das Wort Jalapeño (xala'peɲo) richtig auszusprechen – wahrscheinlich kommt es mir heute noch nicht richtig über meine Lippen.
Zu Anfang nannte ich die mexikanische Chiliart mit deutlicher, lauter Stimme und voller Überzeugung: Dschallapennjo! Das empfanden die meisten Zuschauer korrekterweise als falsch, aber sehr lustig. Und so blieb ich dabei und nenne die Jalapeño noch heute immer mal wieder Dschallapennjo! Der Name ist wohl so beliebt, dass „Dschallapennjo“ eines der meistverkauften T-Shirts von mir ist … Alleine deswegen musste ich einfach diesen Burger kreieren.

GANZ EHRLICHER TIPP

WENN ES DOCH MAL ZU SCHARF GEWORDEN IST, DANN HILFT MILCH, MÖGLICHST VOLLFETT, DENN DAS CAPSAICIN DER CHILI LÖST SICH IN FETT. DAS FEUER LÖSCHT MAN ALSO AUCH MIT FRISCHKÄSE ODER QUARK.

GANZ EHRLICHER TIPP

IHR KÖNNT AUCH, WIE AUF DEM FOTO, ETWAS SRIRACHA-SAUCE MIT MAYONNAISE VERRÜHREN UND DIESE MISCHUNG ZWISCHEN DEN BRÖTCHENHÄLFTEN VERTEILEN.

ASIA-SCHWEINEBURGER

25 Min.

FÜR 4 BURGER

Für die Pattys:
2 Frühlingszwiebeln
1 große Knoblauchzehe
500 g Schweinehackfleisch
1 Tl Sojasauce
Pfeffer

Für den Krautsalat:
250 g Weißkohl
2 El Öl
2 El Reisessig
1 Tl Sojasauce
1 El Zucker
½ Tl gemahlener Pfeffer

Außerdem:
2 El Öl
4 Burger Buns
4–6 El Mayonnaise
Sriracha-Sauce (scharfe Chilisauce)

HOW TO:

Die Frühlingszwiebeln putzen und fein schneiden. Die Knoblauchzehe schälen und fein hacken. In einer Kumme Schweinehack, Frühlingszwiebeln, Knoblauch und Sojasauce vermengen. Mit Pfeffer würzen und gut durchkneten. Kurz ruhen lassen und anschließend zu 4 Pattys formen.

Für den Krautsalat den Weißkohl fein hobeln oder schneiden und anschließend 5 Minuten kräftig durchkneten. Die restlichen Zutaten vermengen, über den Weißkohl geben, gut vermischen und ziehen lassen.

Die Pattys im heißen Öl auf beiden Seiten 3–4 Minuten braten. Herausnehmen und die Buns halbieren. Mit den Schnittflächen nach unten in der Resthitze kurz anrösten.

Für den Burgerbau auf die untere Brötchenhälfte etwas Mayonnaise geben, dann das Patty auflegen. Den asiatischen Krautsalat auf dem Patty verteilen und etwas scharfe Sriracha-Sauce darübergeben. Abschließend die obere Brötchenhälfte auf den Burger legen.

DIE STORY ZUM REZEPT:

Ich wusste bis heute nicht genau, wie man die Sriracha-Sauce ausspricht. Im Zuge dieses Buches habe ich mir aber mal die Mühe gemacht, das Internet zu bemühen, und habe herausgefunden, dass es wohl Si-Raaaaa-Schaa ausgesprochen wird – man spricht das erste „R" also nicht mit. Zumindest auf Thai, und dann muss es wohl stimmen, denn aus Thailand kommt die Sriracha.

LOADED NACHO BURGER

25 Min.

ZUTATEN FÜR 4 BURGER

Für die Salsa (Pico de Gallo):

5 Tomaten
2 rote Zwiebeln
2 Knoblauchzehen
2–3 eingelegte Jalapeños (nach Belieben)
Saft von 1 Zitrone
Salz & Pfeffer

Für die Käsesauce:

ca. 125 ml Sahne
ca. 100 g geriebener Cheddar

Für die Pattys:

600 g Rinderhackfleisch
Salz & Pfeffer (alternativ ein gutes Burgergewürz)

Außerdem:

2 El Öl
4 Brioche Buns
2 Handvoll Nacho-Chips

Ich bin zwar keine Naschkatze im eigentlichen Sinn – aber an Nacho-Chips mit Käsesauce kann ich nicht vorbeigehen. Gerade im Kino bestelle ich immer Nachos mit Käsesauce – wenn ich aber die Möglichkeit hätte, im Kino einen Nacho-Burger zu essen, dann wäre dieser hier genau meine Wahl.

HOW TO:

Für die Salsa die Tomaten fein hacken. Die roten Zwiebeln und den Knoblauch schälen und ganz fein würfeln. Die Jalapeños ebenfalls fein würfeln. Alles miteinander vermengen und mit Zitronensaft, Salz und Pfeffer abschmecken.

Die Käsesauce stellen wir schnell her, indem wir die Sahne leicht erhitzen (nicht zu heiß) und den geriebenen Cheddar nach und nach dazugeben und einrühren. Anschließend bei kleinster Hitze warm halten.

Das Rinderhack mit Salz und Pfeffer würzen und daraus 4 gleich große Pattys formen. Im heißen Öl in einer Grillpfanne auf beiden Seiten 3–4 Minuten braten, dann herausnehmen. Die Buns halbieren und die Schnittflächen in der Resthitze der Pfanne anknuspern.

Der Burgerbau: jede untere Brötchenhälfte direkt mit einem Patty belegen, dann die Nachos drauf verteilen und mit der Käsesauce begießen. Die Salsa drübergeben und den Burger mit der oberen Brötchenhälfte abschließen.

GANZ EHRLICHER TIPP

HALTET KÜCHENTÜCHER BEREIT, DENN ES GIBT 'NE GEILE SAUEREI, WENN IHR DEN BURGER KLASSISCH AUS DER HAND ESSEN WOLLT. ☺

HARISSA-BURGER

17 Min.

ZUTATEN FÜR 4 BURGER

Für die Pattys:
500 g Rinderhackfleisch
2 Tl Knoblauchpulver
2 Tl gemahlener Kreuzkümmel
1 Tl getrockneter Thymian
3 El Harissa-Paste
Salz & Pfeffer

Für die Harissa-Mayo:
4 Tl Harissa-Paste
200 g Mayonnaise

Außerdem:
4 El Olivenöl
4 rote Zwiebeln
1 Tomate
½ Gurke
4 Hotdog- oder Baguettebrötchen

„Ich war noch niemals in ...“ Marroko! Harissa-Paste nutze ich trotzdem gerne, denn diese scharfe Gewürzpaste aus dem westlichen Teil Nordafrikas schmeckt durch ihre Rezeptur besonders nach 1001 Nacht – orientalisch eben.

HOW TO:

Alle Zutaten für die Pattys vermengen und gut durchkneten. 4 längliche Pattys formen und anschließend in einer Grillpfanne in der Hälfte des heißen Öls auf jeder Seite 3–4 Minuten braten.

Für die Harissa-Mayo die Mayonnaise mit der Harissa vermischen und gegebenenfalls noch kalt stellen.

Die Zwiebeln schälen, halbieren und in Ringe schneiden. In einer zweiten Pfanne das restliche Olivenöl erhitzen und die Zwiebeln darin bei mittlerer Hitze etwa 10 Minuten glasig dünsten. Währenddessen die Tomate und die halbe Gurke in dünne Scheiben schneiden.

Der Burgerbau: die Brötchen halbieren und die Schnittflächen nach Belieben in der Pfanne, in der die Pattys gebraten wurden, anknuspern. Dann die unteren Hälften mit der Harissa-Mayo bestreichen, gefolgt von (der Länge nach gelegt) Tomate, Gurke, Tomate, Gurke ... dann das längliche Patty draufsetzen und mit ordentlich viel der geschmorten Zwiebeln belegen. Zum Schluss noch je ein Klecks Harissa-Mayo draufgeben, die oberen Brötchen- oder Baguettehälften drauflegen, und fertig ist der Burger!

GANZ EHRLICHER TIPP

BEI DEN SCHMORZWIEBELN KÖNNT IHR AUCH EINFACH UND SCHNELL VARIIEREN. MIT ETWAS ROTWEIN BEKOMMEN SIE NOCH MEHR GESCHMACK, AUCH APFELSAFT- ODER COLAZWIEBELN BRINGEN ABWECHSLUNG.

GANZ EHRLICHER TIPP

DIE ERDNUSSSAUCE KÖNNT IHR AUCH MIT SAHNE MACHEN, WENN IHR DIESEN KOKOSGESCHMACK NICHT MÖGT. DIE SAUCE SCHMECKT AUSSERDEM TOP ZU ASIA-NUDELN.

PEANUT CHICKEN BURGER

20 Min.

ZUTATEN FÜR 4 BURGER

Für die Pattys: 4 Hähnchenbrustfilets, Salz & Pfeffer, Chilipulver **Für die Erdnusssauce:** 60 ml Kokosmilch, 2 El Erdnussbutter, Salz, Chilipulver **Außerdem:** 2 El Öl, 1–2 rote Zwiebeln, 4 Baguettebrötchen, 4–6 El Mayonnaise, 4 Blätter Lollo Bianco

Jeder kennt doch diese Saté-Spieße mit Erdnusssauce beim Asia-Imbiss, oder? Genau nach diesem Vorbild ist dieser Burger entstanden ... denn Hähnchen und leicht scharfe Erdnusssauce passen einfach wie die Faust aufs Auge.

HOW TO:

Die Hähnchenbrustfilets waschen, trocken tupfen und mit Salz, Pfeffer und Chili würzen. In einer Grillpfanne das Öl erhitzen und das Hähnchen auf jeder Seite 3–5 Minuten (je nach Dicke) braten. Darauf achten, dass das Hähnchenfleisch durchgebraten ist.

Für die Sauce die Kokosmilch langsam erhitzen (nicht zu heiß), die Erdnussbutter dazugeben und verrühren – wenn nötig, mit etwas Wasser verdünnen. Abschließend mit Salz und Chilipulver abschmecken.

Der Burgerbau: die roten Zwiebeln schälen und in Ringe schneiden. Die länglichen Baguettebrötchen aufschneiden und die untere Hälfte mit der Mayonnaise bestreichen, Salatblätter draufgeben und dann ein Hähnchenbrustfilet. Dieses dann mit Erdnusssauce übergießen und mit roten Zwiebelringen belegen. Die obere Baguettehälfte drauf, und fertig ist der Burger.

DER ARABISCHE BURGER

20 Min.

ZUTATEN FÜR 4 BURGER

Für die Pattys:

1 Bund Koriander (alternativ 1 Päckchen TK-Koriander)
1 Zwiebel
500 g Rinderhackfleisch
Salz & Pfeffer

Für den Petersiliensalat:

2 Bund glatte Petersilie (alternativ 2 Päckchen TK-Petersilie)
2 Zwiebeln
2 Tomaten
½ Gurke
2 El Olivenöl
Saft von 1–2 Zitronen
Salz & Pfeffer

Außerdem:

2 El Öl
4 dünne arabische Fladenbrote
6–8 El Zaziki

Dieser Burger ist eine absolute Geschmacksexplosion – besser kann man es nicht beschreiben. Er gehört zu meinen absoluten Lieblingen, weil er nicht nur gut schmeckt, sondern auch optisch eine richtig bunte Schönheit ist.

HOW TO:

Den Backofen auf 120 °C vorheizen. Den Koriander waschen, trocken tupfen und klein hacken. Die Zwiebel schälen und fein würfeln. Rinderhack mit Koriander und Zwiebel gut vermischen und mit Salz und Pfeffer abschmecken. Zu 4 länglichen Pattys formen und in einer Grillpfanne im heißen Öl 3–4 Minuten auf jeder Seite braten.

Die Fladenbrote im Backofen erhitzen. Für den Salat die Petersilie waschen und fein hacken. Die Zwiebeln schälen und klein würfeln. Die Tomaten und die Gurke ebenfalls klein würfeln. Alles mit Olivenöl, Zitronensaft, Salz und Pfeffer vermengen und über den Salat geben. Gut durchrühren.

Der Burgerbau: jedes Fladenbrot zur Hälfte mit dem Petersiliensalat belegen, das längliche Patty drauflegen und ein bisschen Zaziki dazugeben. Dann einwickeln und reinbeißen.

GANZ EHRLICHER TIPP

DER SALAT IST AUCH ZU JEDEM GRILLGERICHT EIN ABSOLUTER TRAUM. EINFACH IN GRÖSSERER MENGE MACHEN UND AUF DEN TISCH STELLEN.

KEBAB STYLE BURGER

25 Min.

ZUTATEN FÜR 4 BURGER

Für die Pattys:
2 Knoblauchzehen
250 g Lammhackfleisch
250 g Rinderhackfleisch
1 El fein gehackte rote Zwiebel
2 Tl gemahlener Kreuzkümmel
1 Tl gemahlener Koriander
Salz & Pfeffer

Für den Krautsalat:
250 g Weißkohl
2 El Öl
2 El Branntweinessig
1 El Zucker
1 Tl Salz
½ Tl gemahlener Pfeffer

Für die scharfe Sauce:
150 g Naturjoghurt (3,5 % Fett)
200 g saure Sahne
5 El Ajvar (scharf)
1 Tl gemahlener Kreuzkümmel
1 Tl edelsüßes Paprikapulver
1 Tl Knoblauchpulver
½ Tl Salz
¼ Tl gemahlener Pfeffer

Außerdem:
2 El Öl
1 großes, rundes Fladenbrot

Die Menschen lieben Burger und Döner – was liegt da näher, als diese beiden leckeren Welten zu vereinen und als „Kebab Style Burger" auf den Teller zu bringen? Die Sauce hat übrigens echtes Suchtpotenzial ... also Vorsicht. ☺

HOW TO:

Die Knoblauchzehen schälen und fein würfeln. Das Fleisch mit dem Knofi und den restlichen Zutaten gut vermischen und zu 4 Pattys formen. (Wenn ihr kein Lammhack bekommt, dann macht es nur aus Rind. Alles kann, nix muss!)

Für den Krautsalat den Weißkohl fein hobeln oder schneiden und anschließend 5 Minuten kräftig durchkneten. Öl und Essig mit den restlichen Zutaten vermischen, zum Kohl geben, gut vermengen und ziehen lassen.

Auch für die Sauce alle Zutaten in einer Kumme gut vermischen und ziehen lassen. Anschließend in einer Grillpfanne die Pattys auf jeder Seite 3–4 Minuten braten.

Der Burgerbau: das Fladenbrot vierteln und aufschneiden. Die unteren Hälften mit dem Krautsalat belegen, anschließend die Pattys drauflegen und diese mit scharfer Sauce bestreichen. Deckel drauf und fertig.

TOAST-HAWAII-SANDWICH

20 Min.

ZUTATEN FÜR 4 BURGER

Für die Chili-Mayo:

2 El griechischer Joghurt (10 % Fett)
4 El Mayonnaise
2 Tl scharfe Sauce nach Wahl
1 Schuss Ananassaft aus der Dose

Für die Pattys:

400 g Rinderhackfleisch
Salz & Pfeffer

Außerdem:

2 El Öl
8 Scheiben Bacon
4 Scheiben Ananas aus der Dose
4 Scheiben Cheddar
8 Scheiben Toastbrot
4 Blätter Lollo Bianco

HOW TO:

Für die Chili-Mayo alle Zutaten gut miteinander vermengen. Dann das Rinderhack zu 4 Pattys formen und in einer Grillpfanne im heißen Öl auf jeder Seite für 2–3 Minuten braten. Nach dem Wenden mit Salz und Pfeffer würzen.

Währenddessen den Bacon in eine zweite, kalte Grillpfanne legen und dann erst die Pfanne auf Stufe 4 von 6 erhitzen. So backt der Bacon langsam aus, zieht sich nicht so schlagartig zusammen und wird im Gesamtbild schöner. Nachdem der gewünschte Knusprigkeitsgrad des Bacons erreicht ist, den Bacon rausnehmen und auf Küchenpapier legen.

Die Ananasscheiben in die Grillpfanne legen und auf der ersten Seite 2–3 Minuten braten, bis die Ananas leicht karamellisiert ist und schöne Grillstreifen bekommen hat, danach wenden und den Käse auf die Ananas legen. Weitere 2–3 Minuten braten, dann herausnehmen. Zum Schluss mit der Resthitze das Toast anknuspern.

Der Burgerbau: alle Toasts mit der Chili-Mayo bestreichen. 4 Toasts mit Salat belegen und dann die Pattys daraufgeben. Die Ananas mit dem Käse auf die Pattys legen, den Bacon darauf verteilen und die restlichen Toasts mit etwas Mayo darauflegen.

DIE STORY ZUM REZEPT:

Der Erfinder des Toast Hawaii war übrigens Clemens Wilmenrod, der erste Fernsehkoch Deutschlands. Wobei – da ist man sich nicht so sicher. Denn Clemens Wilmenrod war kein Koch. Und er hieß eigentlich auch Carl Clemens Hahn und war Schauspieler. Trotzdem „kochte" er in 185 Sendungen von 1954 bis 1964 schnelle und einfache Rezepte und ist damit quasi der Vorreiter von ganz vielen TV- und YouTube-Köchen.

HOT GUACAMOLE BURGER

25 Min.

ZUTATEN FÜR 4 BURGER

Für die Guacamole:
2 reife Avocados
2 Tomaten
2 Jalapeños
Saft von 1 Zitrone
Salz

Für die Burger:
600 g Rinderhackfleisch
Salz & Pfeffer
4 Scheiben Chili-Käse
4 Hamburger-Brötchen

Außerdem:
2 El Öl
Mayonnaise

Guacamole kennen die meisten ja von ihren Tortilla-Chips oder vom mexikanischen Restaurant. Hier landet der erfrischende Dip in einer scharfen Version auf dem Burger. Und lässt die Geschmacksknospen so richtig Mariachi tanzen ...

HOW TO:

Für die Guacamole die Avocados längs in der Mitte um den Kern anschneiden und aufdrehen. Mit dem Messer den Kern anschlagen und rausnehmen. Das Fruchtfleisch mit einem Löffel herauslöffeln.

Die Tomaten und die „Dschallapennjos“ klein hacken, dann zusammen mit den Avocados, dem Zitronensaft und wenig Salz in eine Kumme geben und verrühren. Manche mixen das zu einer sehr sämigen Paste – ich mag es auch grob durchgerührt, sodass man noch ein bisschen Biss drin hat.

Aus dem Hackfleisch 4 Pattys formen, mit Salz und Pfeffer würzen und in einer Grillpfanne im heißen Öl auf jeder Seite ca. 3 Minuten braten. In der letzten Minute die Käsescheiben auflegen und schmelzen lassen. Die Brötchen aufschneiden und die Schnittflächen in der Resthitze leicht anbräunen.

Der Burgerbau: Buns mit Mayo bestreichen, Patty mit Käse auf die unteren Hälften legen und darauf ordentlich Guacamole geben. Mit den oberen Bunhälften belegen und fertig!

GANZ EHRLICHER TIPP

UM EINE „NORMALE" GUACAMOLE HERZUSTELLEN, EINFACH DIE JALAPEÑOS WEGLASSEN UND DURCH 2 FEIN GEHACKTE KNOBLAUCHZEHEN ERSETZEN. ZUM SALZ NOCH ETWAS PFEFFER GEBEN – DANN MIT ZITRONENSAFT VERRÜHREN.

QUESADILLA BURGER

40 Min.

ZUTATEN FÜR 4 BURGER

Für die Salsa (Pico de Gallo):

5 Tomaten
2 rote Zwiebeln
2 Knoblauchzehen
2–4 eingelegte Jalapeños (nach Belieben)
Saft von 1 Zitrone
Salz & Pfeffer

Für die Pattys:

500 g Rinderhackfleisch
Salz & Pfeffer

Außerdem:

Pflanzenöl zum Braten
8 kleine Maistortillas
200 g geriebener Käse
4 Blätter Eisbergsalat
4 El saure Sahne

Die Tex-Mex-Küche hat es mir schon immer angetan. Dieser Burger kombiniert schnelle Quesadilla mit saftigem Patty – und durch die Maisfladen bekommt alles einen schönen mexikanischen Look.

HOW TO:

Für die Salsa die Tomaten fein würfeln. Zwiebeln und Knoblauch schälen und fein würfeln. Jalapeños klein schneiden. Alles miteinander vermengen, mit Zitronensaft, Salz und Pfeffer abschmecken.

Aus dem Rinderhack 4 eher flache und damit breite Pattys formen, damit diese die Tortillafladen später auch gut ausfüllen. Die Pattys salzen und pfeffern. In einer Grillpfanne 1–2 Esslöffel Öl erhitzen. Die Pattys bei Stufe 4 von 6 auf jeder Seite ca. 2 Minuten braten, danach herausnehmen, die Pfanne auswischen und eine Stufe runterstellen.

1 Esslöffel Öl in die Pfanne geben, eine Tortilla dazugeben und mit etwas Käse bestreuen. Anschließend 1 Patty drauflegen, den Salat dazugeben und etwas Salsa sowie saure Sahne auf dem Burger verteilen. Zum Schluss wieder Käse und dann eine zweite Tortilla drauflegen. Das Ganze ein bisschen anpressen, nach 2–3 Minuten wenden und auch von der anderen Seite anpressen. Der Käse sollte bestenfalls quesadillamäßig geschmolzen sein.

Nach weiteren 2–3 Minuten den Burger rausnehmen, in zwei Hälften schneiden und sofort servieren. Die restlichen Burger genauso zubereiten.

GANZ EHRLICHER TIPP

DIE „PICO DE GALLO" IST ABSOLUT UNIVERSELL EINSETZBAR – UND QUASI ZU JEDEM MEXIKANISCHEN ESSEN ZU VERWENDEN. UND WENN IHR SIE PÜRIERT, HABT IHR IM NU EINE SCHARFE SAUCE.

GANZ EHRLICHER TIPP

DIE WASABI-MAYO IST AUCH ZU FLEISCH UND AUF DEM SANDWICH EIN ABSOLUTER KNALLER – MIT DEM GEWISSEN SCHARFEN ETWAS.

DER LONG BOY

30 Min.

ZUTATEN FÜR 4 STÜCK

Für die Pattys:

1 Zwiebel
500 g Rinderhackfleisch
5 El Paniermehl
2 El Ketchup
1 Tl Chiliflocken
1 El Senf
Salz & Pfeffer

Außerdem:

2 Aufbackbaguettes
4 El Butter
4 El Ketchup
150 g geriebener Pizzakäse
2 El gehackte Petersilie (TK)

Der Name „Long Boy" entstammt aus den USA. Im 18. Jahrhundert wurden dort Sandwiches Po'Boy (also „Poor Boy" = „Armer Junge") genannt. Der Long Boy ist eine Variante des Poor Boy – eben länger und als Burger.

HOW TO:

Den Backofen auf 180 °C Umluft vorheizen. Die Aufbackbaguettes aufschneiden, mit etwas Butter bestreichen und im Ofen ca. 2 Minuten vorbacken.

Für die Pattys die Zwiebel schälen und fein würfeln. Sämtliche Zutaten komplett vermischen und gut durchkneten. Die Masse gleichmäßig auf den vorgebackenen Hälften der Aufbackbaguettes verteilen. Anschließend mit etwas Ketchup bestreichen und zurück in den Ofen geben. 20–25 Minuten backen. In den letzten 5 Minuten noch etwas Käse auf die Masse geben und schön überbacken lassen. Die fertigen Long Boys mit etwas Petersilie garnieren.

DIE STORY ZUM REZEPT:

Ich bin ein großer USA-Fan und durfte schon viermal Florida besuchen. Und wenn ich eines in der Zeit gelernt habe: Die Amis können Burger und Sandwiches. Ist ja auch klar – es geht schnell von der Hand, macht satt und ist extrem lecker. Diese Variante als Sandwich habe ich das erste Mal auf dem Gasgrill meiner Ferienwohnung zubereitet. Sie landet auch jetzt noch regelmäßig auf meinem Speiseplan, wenn ich Freunde erwarte.

DER KÖTTBULLAR-BURGER

20 Min.

ZUTATEN FÜR 4 BURGER

Für die Pattys:
500 g Rinderhackfleisch
3 El Paniermehl
ca. 3 El Milch
Salz & Pfeffer

Für die Buns:
400 g Kartoffelpüree (siehe Seite 138)
1 Eigelb
3 El Mehl

Außerdem:
4 El Öl
8 Dessertringe
3 El Ketchup
2 El Preiselbeeren
etwas Chiliflocken

Ich bin mir sicher, dass fast jeder schon mal beim bekannten schwedischen Möbelhaus zum Einkaufen und Essen war. Dieses Rezept ist quasi eine Hommage an die unzähligen Besuche beim blau-gelben Möbeldiscounter, bei denen ich mir schon oft gewünscht habe, einfach mal ´nen Köttbullar-Burger zu bekommen.

HOW TO:

Das Hackfleisch mit Paniermehl und Milch mischen und zu 4 Pattys formen. Diese mit Salz und Pfeffer würzen und in einer Grillpfanne in 2 Esslöffeln Öl von beiden Seiten 3 Minuten braten.

Kartoffelpüree mit Eigelb und Mehl vermengen. Etwa 55 g Kartoffelpüree in jeden Dessertring füllen und in einer zweiten beschichteten Pfanne portionsweise im restlichen heißen Öl von beiden Seiten 2 Minuten braten. Ketchup und Preiselbeeren mischen und nach Belieben mit Chiliflocken würzen.

Der Burgerbau: auf jeden Püree-Bun einen Patty geben, darauf die Sauce verteilen und zum Schluss einen Bun aufsetzen.

GANZ EHRLICHER TIPP

ANSTELLE DES KARTOFFELPÜREES KÖNNT IHR DAZU AUCH KLEINE RÖSTIS MACHEN: DAFÜR PELLKARTOFFELN VOM VORTAG GROB RASPELN, WÜRZEN UND ZU KLEINEN TALERN GEFORMT IN BUTTERSCHMALZ BRATEN.

PULLED-LACHS-BURGER

35 Min.

ZUTATEN FÜR 4 BURGER

Für die Pattys: 500 g Lachsfilet (frisch oder TK), Salz & Pfeffer
Für die Sauce: 3 El Honig, 4 El Senf, 1 Tl gehackte Petersilie (TK)
Außerdem: 1 Zwiebel, 4 Burger Buns, 4 El Frischkäse, 2 El gehackter Dill (TK), 4 Blätter Salat

Ähnlich wie der Köttbullar-Burger ist auch die Idee für diesen Burger beim Besuch des schwedischen Möbelhauses entstanden. Denn als ich mal wieder da war, gab es dort ein „Pulled-Lachs-Sandwich" – aber in kalt und mit Rotkraut. Ganz ehrlich: Mein Burger hier gefällt mir besser.

HOW TO:

Den Backofen auf 80 °C vorheizen. Die Lachsfilets salzen und pfeffern, dann im Ofen ca. 25 Minuten sanft garen und danach auf einem Brett zupfen/zerrupfen.

Für die Sauce Honig, Senf und etwas Petersilie verrühren und stehen lassen. Die Zwiebel schälen und in ganz dünne Ringe schneiden. Die Buns halbieren, nach Belieben im Ofen erwärmen und anschließend die unteren Hälften mit etwas Frischkäse bestreichen. Dill und Salatblätter daraufgeben und dann den gepullten Lachs drauf verteilen.

Die Sauce auf dem Lachs verteilen, darauf ein paar Zwiebelringe legen und alles mit den oberen Brötchendeckeln bedecken.

GANZ EHRLICHER TIPP

DAS GANZE FUNKTIONIERT AUCH WUNDERBAR ALS WRAP. EINFACH DIE BRÖTCHEN DURCH WRAPS ERSETZEN, DIESE ZU JE EINEM DRITTEL MIT FRISCHKÄSE BESTREICHEN, BEFÜLLEN UND AUFROLLEN.

PHILLY CHEESE STEAK BURGER

30 Min.

ZUTATEN FÜR 4 BURGER

Für die Pattys:

4 Rindersteaks (à ca. 150 g)
1 große Zwiebel
1 rote Paprika
100 g Champignons
Salz & Pfeffer
4 Scheiben Käse

Außerdem:

2 El Öl
4 Burger Buns
4 El Mayonnaise
Salz & Pfeffer

Das „Philly Cheese Steak Sandwich" ist ein Klassiker der US-Küche. Leider war ich noch nie in Philadelphia ... aber dafür beamt mich dieser Burger immer wieder in die Stadt der Rocky-Filme und der berühmten Liberty Bell.

HOW TO:

Die Steaks in Streifen schneiden und beiseitestellen. Die Zwiebel schälen und in Ringe schneiden. Die Paprika putzen und in Streifen schneiden. Die Champignons putzen und in Scheiben schneiden.

Eine Grillpfanne auf mittlere Hitze erwärmen, etwas Öl hineingeben und erst die Paprikastreifen und Zwiebelringe anbraten, nach 2–3 Minuten die Champignons dazugeben und alles insgesamt 8–10 Minuten braten lassen. Mit Salz und Pfeffer würzen und aus der Pfanne nehmen.

Die Hitzezufuhr erhöhen und die Fleischstreifen scharf anbraten (2 Minuten), das Gemüse dazugeben und nun wie gewünscht portionieren (in der Pfanne zu Häufchen schieben). Jeweils 1 Scheibe Käse darübergeben und schmelzen lassen.

Die Buns halbieren und mit Mayonnaise bestreichen. Die Philly-Cheese-Steak-Masse auf die unteren Brötchenhälften geben. Den oberen Deckel drauflegen und fertig.

GANZ EHRLICHER TIPP

EINFACHE ALTERNATIVE: DAS FLEISCH IN DER PFANNE 2 MINUTEN GAREN. AUF DAS BRÖTCHEN DIE MAYO STREICHEN, ERST FLEISCH DRAUFGEBEN, DANN DAS GEMÜSE, DANN DEN KÄSE UND DANN ALLES IM VORGEHEIZTEN OFEN KURZ ÜBERBACKEN.

ZUSCHAUER, FOTOS UND EIN LASERSCHWERT

„ICH FREUE MICH ÜBER JEDEN MENSCHEN, DER MICH ERKENNT UND MIR DAS MITTEILEN MÖCHTE"

Mein Kanal „Ehrliches Essen" hatte Stand Mai 2019 knapp 210.000 Abonnenten und nahezu 30 Millionen Views. Das ist natürlich eine Menge und entsprechend haben mich schon ein paar Menschen gesehen. Der ein oder andere TV-Auftritt (zum Beispiel bei RTL 2015 in „Das Erfolgsrezept") hat mit dazu beigetragen. Trotzdem bin ich weit davon entfernt, bekannt oder gar berühmt zu sein. Zumindest nicht in einer breiten Öffentlichkeit. Aber dennoch merke ich hier und da, dass ich erkannt werde. Oft zeigt sich das in „versteckten" Versuchen, von mir ein Foto mit dem Handy zu machen. Meist wird dann so getan, als ob man von sich ein Selfie machen möchte, dabei wird dann aber irgendwie komplett über sich vorbeifotografiert ... Ich kann
nur sagen: Es ist gar nicht nötig, das „heimlich" zu machen. Ich beiße schließlich nicht, ganz im Gegenteil. Ich freue mich über jeden Menschen, der mich erkennt und mir das mitteilen möchte! Aber: richtig oft passiert das eben nicht und deshalb ist genau die nächste Geschichte einigermaßen kurios:

Ich machte gerade mit meiner Frau und meinen beiden Jungs Urlaub in Florida. Mein Jüngster hatte sich in diesem Urlaub ein Star-Wars-Jedi-Schwert aus dem Disney Store gekauft und das musste natürlich mit nach Hause. Leider passte es in keinen Koffer ... Ich musste also mit dem Schwert erst durch die Flughafensecurity und anschließend musste ich es während der gesamten Wartezeit am Flughafen mit mir rumschleppen ... Ihr ahnt es: Was macht man, wenn man vom Warten genervt ist, einen sowieso keine Seele kennt und man ein Laserschwert in der Hand hat? Richtig! Man schwingt es hin und her, als wäre man selbst Teil eines Star-Wars-Films ... Und genau das habe ich gemacht. 24 Stunden später – nach Flug, Fahrt nach Hause und einer sehr kurzen Nacht – habe ich meinen Computer angeschaltet, um wie immer die neusten Mails abzurufen und zu lesen, was so an Nachrichten gekommen war. Und was konnte ich lesen? „Kann es sein, dass du gestern am Flughafen von Orlando mit einem Laserschwert rumgefuchtelt hast? Ich war nämlich auch da und habe mich nicht getraut dich zu fragen, weil es ja total unrealistisch gewesen wäre, dich in Orlando auf dem Flughafen zu treffen ..."

Sachen gibt es – die gibt es gar nicht!

WIE ENTSTEHT EIGENTLICH SO EIN REZEPTVIDEO?

In den etwa 7 Jahren YouTube-Kanal „Ehrliches Essen" habe ich mittlerweile über 400 Videos hochgeladen, die insgesamt 104.326.927 Minuten angeguckt wurden (Stand 05/2019). Das sind übrigens etwa 198 Jahre und 131 Tage! Und ganz oft werde ich gefragt: Wie entsteht denn überhaupt so ein Video bei „Ehrliches Essen"?

Der Ablauf ist seit Jahren eigentlich immer gleich. Alles fängt damit an, dass ich mir ein Rezept aussuche bzw. ausdenke. Wobei ich immer erwähne: Ich bin kein gelernter Koch, aber ich esse schon immer gerne! (Daher nenne mich auch lieber „Entertainer mit Hang zum Kochen und Essen".) Doch zurück zur Entstehung eines Videorezepts: Manchmal esse ich etwas und will das dann zu Hause nachkochen und filmen. Dann begebe ich mich im Internet auf Recherche, wie das am besten oder einfachsten zubereitet werden könnte. Meist finde ich dann auch Lösungen oder stricke mir aus den vorhandenen meinen Weg. Das schreibe ich dann nieder und gehe einkaufen. Zu Hause angekommen wird gedreht, meistens abends nach Feierabend, ganz selten am Wochenende.

Ich weiß, dass einige meiner YouTube-Kollegen das Wochenende nutzen, um viele Videos zu produzieren. Ich nicht. Mein Wochenende gehört meiner Familie und mir und da will ich dann auch keine Videos machen – schließlich ist YouTube ein Hobby und darf/soll nicht zur Pflichtveranstaltung werden. Also – nach Feierabend wird dann schnell die Küche drehfertig gemacht, das heißt: Alles, was bei einer Familie so rumliegt, wird außerhalb des Kamerawinkels geräumt. Dann wird die Kamera und das Licht in die Küche geschleppt und dann fange ich mit dem Drehen an. Vorher rufe ich noch einmal laut durchs Haus: „Ich nehme auf!", denn währenddessen sollte es möglichst leise sein ...

Übrigens: Ansage und Abspann drehe ich zuletzt, da weiß ich dann schon, wie es geworden ist. Beim Drehen folge ich aber keinem bestimmten Drehplan – den habe ich im Kopf. Ich versuche nur, mir den jeweils letzten Satz eines Takes zu merken, damit der Anschluss stimmt. Über die Jahre schleicht sich da aber auch eine gewisse Routine ein und man weiß dann, was man sagen kann oder nicht. Nach der letzten Klappe geht es nicht ans Videoschneiden – sondern ans Aufräumen, schließlich will meine Familie nicht mein Chaos wegmachen müssen. Das Schneiden des Videos erfolgt dann meist ein oder zwei Tage später – auch abends. Mit ein wenig Abstand klappt das bei mir besser und ich gebe mir dann auch mehr Mühe, als wenn ich alles an einem Tag wegarbeite. Dann lade ich es nur noch hoch (was bei mir in Friesland auch gerne mal 2 Stunden dauert), mache die Videobeschreibungen und zack: Nach nur 2–3 Stunden Arbeit ist so ein Video zum Anschauen freigegeben ...

PIZZA & CO.

DER ULTIMATIVE PIZZATEIG

1 Std. 15 Min.

ZUTATEN FÜR 4 PIZZEN

½ Würfel frische Hefe (oder 1 Päckchen Trockenhefe)
1 Tl Zucker
ca. 500 g Mehl (Type 405)
2 Tl Salz

Außerdem:
Mehl für die Arbeitsfläche

Eine gute Pizza lebt von einem guten Teig – das hört man ja immer wieder. Und ja, das stimmt auch. Trotzdem mache ich das Theater von teilweise bis zu 24 Stunden aufgegangenen Teigen in Kühlschränken und das ganze Pipapo nicht mit. Mit diesem Teigrezept bin ich superzufrieden und darf die Pizza auch noch am selben Tag essen. ☺

HOW TO:

Die zerbröckelte Hefe (bzw. die Trockenhefe), Zucker und 1 Esslöffel Mehl in 300 ml lauwarmes Wasser geben. Alles mit einer Gabel verrühren und abgedeckt 5 Minuten gehen lassen.

In der Knetmaschine oder einer großen Kumme restliches Mehl und Salz mischen. Die Hefe-Wasser-Mehl-Mischung dazugeben und ca. 10 Minuten kneten – und zwar langsam. Das lange und langsame Kneten ist wichtig: Zunächst vermengen sich alle Zutaten perfekt, außerdem entwickelt der Teig dadurch Elastizität (damit man die Pizza auch gut ziehen kann, ohne dass sie wieder zurückflippst). Und hier liegt dann auch das wirkliche Geheimnis eines guten Pizzateigs – das lange Kneten. Den Teig dann zugedeckt ca. 30 Minuten gehen lassen.

Den Teig in 4 gleich große Stücke à 200 g teilen. Diese zu Kugeln formen und abgedeckt noch mal 30 Minuten gehen lassen.

Jetzt geht es ans Ausrollen: die Teigkugeln auf einer leicht bemehlten Arbeitsfläche mit einem bemehlten Nudelholz schön dünn ausrollen. Danach nur noch mit Pizzasauce bestreichen, belegen und backen.

Je höher die Temperaturmöglichkeit im Ofen, desto besser. Bei 220 °C sollte die Pizza in 6–8 Minuten fertig sein.

GANZ EHRLICHER TIPP

WER EINE KÜCHENMASCHINE HAT IST KLAR IM VORTEIL. AUSSERDEM: MACHT DIREKT MEHR UND FRIERT 200-GRAMM-BÄLLCHEN EIN. MORGENS RAUSHOLEN, ABENDS KÖNNT IHR PIZZA BACKEN.

DER 4-MINUTEN-BLITZ-PIZZATEIG

5 Min.

ZUTATEN FÜR 4 PIZZEN

350 g griechischer Joghurt (10 % Fett), 450 g Mehl (Type 405), 1 Päckchen Backpulver, 2 Tl Salz

„Joghurt in einem Pizzateig? Ist der bekloppt?" Nö, ich finde nicht! Angelehnt ist der Teig an die indischen Naanbrote, die ebenfalls mit Mehl und Joghurt hergestellt werden. Die Idee wird hier supereinfach und superschnell zu einer tollen Pizzateig-Variante umfunktioniert. Und die ist einfach eine spitzenmäßige Alternative zum Klassiker.

HOW TO:

Alle Zutaten einfach in einer Knetmaschine oder Kumme (ja, es geht auch mit den Händen) vermengen und ca. 4 Minuten kneten. Danach kann der Teig sofort portioniert (ca. 200 Gramm für eine Pizza), ausgerollt und belegt werden.

Im auf 220 °C vorgeheizten Backofen braucht die belegte Pizza 6–7 Minuten.

GANZ EHRLICHER TIPP

DER TEIG EIGNET SICH AUCH SUPER FÜR PFANNENBROTE. DAFÜR EINFACH IN KLEINEN PORTIONEN GANZ DÜNN AUSROLLEN UND MIT ETWAS FETT IN EINER PFANNE AUSBACKEN. SCHMECKT SUPER ZU CURRYS.

MEINE PIZZASAUCE

2 Min.

ZUTATEN FÜR 4 PIZZEN

500 g passierte Tomaten
1 Tl Salz
¼ Tl gemahlener Pfeffer
1 Prise Zucker
1 El gehacktes Basilikum (TK)
1 Tl getrockneter Oregano
½ Tl Knoblauchpulver

Zu einer Pizza gehört auch eine Pizzasauce. Es gibt zig Rezepte von Tomatensaucen, die erst noch gekocht, püriert und sonst wie tausendmal über Neapel geflogen werden müssen, bevor sie schmecken. Ich vertraue diesem einfachen, aber sehr geschmackvollen Rezept.

HOW TO:

Dadurch, dass wir nur Gewürze aus dem Streuer oder aus der Tiefkühltruhe nehmen, muss hier weder was püriert noch angeschwitzt werden. Daher: einfach alle Zutaten in eine Kumme geben, ordentlich verrühren. Das war es schon. Die Angaben zur Gewürzmenge sind frei zu gestalten und dienen nur zur Orientierung. Mach es genauso, wie es dir am besten schmeckt.

GANZ EHRLICHER TIPP

FÜR EINE BBQ-VARIANTE NUR 400 GRAMM PASSIERTE TOMATEN NEHMEN UND MIT 100 ML BBQ-SAUCE UND EINEM SPRITZER TABASCO ERGÄNZEN.

AMERICAN PAN PIZZA

1 Std. 15 Min.

ZUTATEN FÜR 4 PIZZEN

1 Rezeptmenge ultimativer Pizzateig (s. S. 108)
1 Rezeptmenge Pizzasauce (s. S. 112)
80 g geriebener Mozzarella
80 g Salami
8 milde Peperoni

Außerdem:
Öl zum Bestreichen

Rund und fluffig aufgebacken – so kennen wir die typische amerikanische Pizza aus dem Supermarkt oder von diversen Pizza-Franchise-Restaurants. Hier gibt es jetzt das Rezept, wie man diese dicke Pizza ganz einfach zu Hause machen kann.

HOW TO:

Wir nehmen unseren ultimativen Pizzateig und verändern an einer Stelle die Vorgehensweise: Nach den ersten 30 Minuten Gehzeit portionieren wir den Teig zu 200-Gramm-Bällchen, rollen diese aus, schnappen uns vier runde Pizzaformen (Pizzableche) und legen unseren ausgerollten Teig in die eingeölten Formen. Danach ölen wir den Teig von oben ein und lassen diesen weitere 20 Minuten zugedeckt ruhen und gehen. Damit geht der Teig in der Pizzaform auf, und das ergibt diese typische dicke American Pan Pizza.

Nach den 20 Minuten den Teig mit unserer Pizzasauce bestreichen, geriebenen Mozzarella darübergeben und am Ende noch die Salami und die in Ringe geschnittenen Peperoni darauf verteilen.

Den Backofen auf 180 °C vorheizen und die Pizzen nacheinander darin 12–15 Minuten backen. Wie lange genau? Das kommt immer ein bisschen auf den Ofen an – jeder sieht ja, wenn die Pizza fertig ist. ☺

HOT DOG STUFFED TEX MEX PIZZA

40 Min.

ZUTATEN FÜR 2 RUNDE PIZZEN ODER 1 BLECH

200 g Rinderhackfleisch
Salz & Pfeffer
½ Rezeptmenge 4-Minuten-Blitz-Pizzateig (s. S. 111)
ca. 12 Hotdog-Würstchen
½ Rezeptmenge Pizzasauce in der BBQ-Variante (s. S. 112/113)
160–200 g geriebener Käse
2 rote Paprikaschoten

Außerdem:
1 El Öl

HOW TO:

Das Hackfleisch in einer Pfanne anbraten, salzen und pfeffern. Es muss nicht komplett krümelig gebraten werden, da es noch in den Backofen kommt.

Den Pizzateig 4 cm breiter ausrollen, als unsere Pizza nachher werden soll. Den Teig auf zwei geölte Pizzableche oder ein Backblech legen und zwar so, dass der Rand über die Form hängt. Wichtig: Ab jetzt wirklich direkt auf dem Blech arbeiten, nach der Vorbereitung lässt sich die Pizza nur noch schwerlich transportieren.

Die Hotdog-Würstchen in 4 cm große Stücke schneiden und am Rand entlang legen (dann kann man die Rundung der Pizza gut ausfüllen). Den überhängenden Teig über die Würste ziehen und im Blech auf dem anderen Teig andrücken. Das geht ganz gut mit einer Gabel.

Anschließend die Pizza mit der BBQ-Pizzasauce bestreichen und den geriebenen Käse drübergeben. Die Paprikaschoten putzen und würfeln. Das angebratene Hackfleisch über dem Käse verteilen und die Paprikawürfel darüberstreuen.

Den Backofen auf 180 °C vorheizen und die Pizza 8–10 Minuten backen (wie so oft – es kommt auch ein bisschen auf den Ofen an).

GANZ EHRLICHER TIPP

DEN RAND ANSTELLE DER WÜRSTCHEN MIT KÄSE FÜLLEN. DAFÜR KÄSE AM STÜCK KAUFEN UND IN FINGERDICKE STREIFEN SCHNEIDEN. DANN GENAUSO WIE DIE WÜRSTCHEN IM PIZZARAND VERSCHLIESSEN.

PIZZETTA FRITTA

20 Min.

ZUTATEN FÜR CA. 10 STÜCK

1 Rezeptmenge 4-Minuten-Blitz-Pizzateig (s. S. 111)
1 Rezeptmenge Pizzasauce (s. S. 112)
200 g geriebener Mozzarella
200 g Parmaschinken
2 Handvoll Rucola

Außerdem:
Öl zum Frittieren

Diese Pizza-Variante ist eine ganz alte Version aus der Altstadt von Neapel. Dort frittierte man früher direkt an den Straßen kleine Pizzastücke und belegte diese dann frisch mit den verschiedensten Zutaten – aus einem einfachen Grunde: Eine Pfanne mit Öl war günstiger als ein Pizzaofen. Hier kommt meine Version: megaschnell und megalecker.

HOW TO:

Aus dem Blitz-Pizzateig kleine Stücke abnehmen und zu etwas dickeren Fladen von ca. 10 cm Durchmesser ausrollen.

Ausreichend Öl im Topf oder in einer Fritteuse auf 180 °C erhitzen (siehe Holzstäbchen-Test auf Seite 11) und die Teiglinge darin 4–5 Minuten goldgelb frittieren. Pizzetta herausnehmen und auf Küchenpapier abtropfen lassen, dabei am besten einmal wenden.

Direkt danach mit Pizzasauce bestreichen, den geriebenen Mozzarella drüberstreuen und den Parmaschinken und etwas Rucola daraufgeben. Möglichst heiß genießen.

Wenn man portioniert frittiert, einfach den Backofen auf 80 °C stellen, die frittierten Teiglinge mit Sauce und Käse belegen und so lange warm halten, bis alle fertig sind.

GANZ EHRLICHER TIPP

MAN KANN PIZZETTA ÜBRIGENS AUCH ALS CALZONE SUPER FRITTIEREN. DAFÜR EINFACH AUSROLLEN, ZUR HÄLFTE MIT SAUCE, KÄSE UND GEWÜNSCHTEN ZUTATEN BELEGEN (DEN RAND FREI LASSEN) – DANN UMKLAPPEN UND GUT ZUDRÜCKEN.

PIZZA POLLO DIABOLO

1 Std. 40 Min.

ZUTATEN FÜR 4 PIZZEN

2 Knoblauchzehen
100 ml Sahne
200 g Frischkäse
100 g geriebener Mozzarella
1 Tl Chiliflocken
2 El gehackte Petersilie (TK)
Salz & Pfeffer
400 g Hähnchenbrustfilet
4 El scharfe Sauce (eure liebste scharfe Sauce, egal ob Tabasco oder Sriracha oder, oder, oder ...)
1 Rezeptmenge ultimativer Pizzateig (s. S. 108)

Außerdem:
Olivenöl zum Braten
geriebener Mozzarella und Röstzwiebeln zum Bestreuen

Das ist mal was ganz anderes – eine Pizza mit Kräutersauce, scharfem Hähnchen und Röstzwiebeln – eine unglaublich geile Kombi.

HOW TO:

Den Knoblauch schälen und fein würfeln. In einem kleinen Topf etwas Olivenöl erhitzen und den Knoblauch darin anschwitzen. Sahne, Frischkäse und Mozzarella dazugeben und bei geringer Hitze ordentlich verrühren, bis der Käse geschmolzen ist. Mit Chili, Petersilie, Salz und Pfeffer würzen. Danach vom Herd nehmen und abkühlen lassen.

In der Zwischenzeit das Hähnchenbrustfilet in Streifen schneiden und in einer Pfanne in etwas heißem Olivenöl kurz (3–4 Minuten) anbraten, dabei salzen und pfeffern. In eine kleine Kumme geben und mit der scharfen Sauce mischen.

Den Backofen auf 200 °C vorheizen. Für die Pizza den Teig wie immer ausrollen, mit der hellen Kräutersauce bestreichen, ein bisschen weiteren geriebenen Mozzarella draufstreuen und darauf die scharfen Hähnchenstreifen geben. Im Ofen 6–8 Minuten backen.

Nach dem Backen noch locker Röstzwiebeln über die Pizza verteilen. Fertig!

DIE STORY ZUM REZEPT:

Kaum zu glauben, aber wahr – diese Pizza habe ich in meinem Ort beim Besuch einer Pizzeria kennengelernt. Ich wollte nicht glauben, dass eine Pizza mit Kräutersauce so lecker sein kann. Zu Hause angekommen, musste ich mich direkt ans Rezept machen.

GANZ EHRLICHER TIPP

ES GIBT NOCH GANZ VIELE VARIATIONSMÖGLICHKEITEN BEI DER SAUCE: EINE BÉCHAMELSAUCE ALS BASISSAUCE AUF DEM TEIG BRINGT GENAUSO ABWECHSLUNG WIE EINE PICO DE GALLO ODER EINE SALSA. PROBIERT ES MAL AUS …

PIZZADILLA

15 Min.

ZUTATEN FÜR 1 STÜCK

2 Tortilla-Wraps
80 g geriebener Cheddar
4 El Pizzasauce (s. S. 112)
40 g Chorizo in Scheiben

Außerdem:
2 El Öl

Halb Pizza, halb Quesadilla – eine ziemlich geile Mischung. Ich hab' das mal den wohl allerschnellsten Pizzateig der Welt genannt, das ist natürlich so nicht wahr. Aber es ist eine tolle Snack-Pizza-Alternative, die zudem noch sehr schnell und in großer Menge hergestellt werden kann.

HOW TO:

Den Backofen auf 200 °C vorheizen. Eine beschichtete Pfanne erhitzen (alternativ eine „normale" Pfanne einölen und erhitzen), auf Stufe 4 von 6 erhitzen und einen Tortilla-Wrap einlegen.

Während dieser von unten erhitzt wird, mit ordentlich geriebenem Cheddar belegen (ungefähr 50 g). Danach kommt der zweite Tortilla-Wrap auf den Käse. Gut andrücken und nach 2–3 Minuten wenden. Weitere 2–3 Minuten braten.

Danach die Quesadilla auf ein mit Backpapier ausgelegtes Backblech geben (so könnt ihr auch erst mehrere machen und gut vorbereiten), mit Pizzasauce bestreichen und den restlichen geriebenen Cheddar daraufstreuen. Am Ende noch mit Chorizo belegen und alles für 4–5 Minuten im Ofen backen, bis der Käse goldbraun ist.

PIZZA TAQUITOS

20 Min.

ZUTATEN FÜR CA. 8 STÜCK

8 Tortilla-Wraps
1 Rezeptmenge Pizzasauce (s. S. 112)
500 g geriebener Mozzarella
200 g Salami

Außerdem:
Öl zum Bepinseln

Ein wunderbares Rezept, um mit einem Backblech eine ganze Familie satt und glücklich zu machen. Dabei dienen die eingedrehten Wraps quasi als Pizzaboden …

HOW TO:

Den Backofen auf 180 °C vorheizen. Die Wraps zur Hälfte mit Pizzasauce bestreichen, die Hälfte des Mozzarella drübergeben und mit der in Streifen geschnittenen Salami belegen (oder was auch immer gegessen werden soll).

Danach zu einem Taquito zusammenrollen und auf ein mit Backpapier belegtes Backblech legen. Das wird wiederholt, bis das Backblech voll ist (bei mir 8 Stück). Die Taquitos mit etwas Öl einpinseln und im Ofen ca. 10 Minuten knusprig backen.

Danach rausholen, mit dem restlichen Mozzarella bestreuen, weitere Salami draufgeben und nochmals für 5 Minuten backen. Danach rausholen und servieren.

GANZ EHRLICHER TIPP

MAN KANN AUCH JEDEN WRAP ANDERS FÜLLEN: EINEN MIT SALAMI, EINEN MIT SCHINKEN, DEN NÄCHSTEN VEGETARISCH UND DANN NOCH EINEN MIT THUNFISCH. SO HAT MAN GANZ VIEL ABWECHSLUNG AUF EINEM BACKBLECH.

STUFFED PIZZA ROLLS

1 Std. 10 Min.

ZUTATEN FÜR 8–10 BRÖTCHEN

1 Rezeptmenge ultimativer Pizzateig (s. S. 108)
1 Rezeptmenge Pizzasauce (s. S. 112)
200 g Salami oder Thunfisch oder Schinken oder, oder, oder
200 g Käse am Stück
200 g Butter
2 El 8-Kräuter-Mix (TK)
Salz & Pfeffer

Außerdem:
Öl zum Einfetten
geriebener Käse zum Bestreuen

Brötchen oder Pizza? Warum nicht beides! Fluffige Brötchen mit warmer Kräuterbutter und geschmolzenem Käse, gefüllt mit leckerem Pizzabelag. Also ich „speichle" mir sogar beim Schreiben dieses Texts gerade den Mund voll …

HOW TO:

Wieder dient als Grundlage unser ultimativer Pizzateig. Nach den 30 Minuten Gehzeit etwa 100-Gramm-Kügelchen abnehmen und flach drücken. In die Mitte der Fladen Pizzasauce geben, Belag nach Wahl draufgeben und ein Stück unseres Käses.

Danach den Fladen nach oben über die Füllung ziehen, verschließen und zu einem runden Ball formen. Die „Rolls" in eine ofenfeste, geölte Auflaufform geben, mit etwas Zwischenraum zueinander (die gehen noch auseinander – sollen sich später aber berühren) und abgedeckt 20 Minuten gehen lassen.

Währenddessen die Butter langsam in einem Topf zerlassen, die Kräuter in die flüssige Butter geben und etwas salzen und pfeffern.

Den Backofen auf 180 °C vorheizen, die Brötchen ordentlich mit der Kräuterbutter bestreichen und etwas geriebenen Käse drübergeben. Anschließend im Ofen 10–12 Minuten backen.

BEKANNTE, FREUNDE UND FAMILIE ...

Ein häufiger Kommentar, den ich immer wieder lese, lautet: „Deine Familie und Freunde müssen so glücklich sein, dich zu kennen! Immer leckeres Essen ...“ Und soll ich euch was sagen? Dem ist nicht so!

Okay, das war jetzt ein bisschen reißerisch, denn das klingt so, als ob sie besonders unglücklich wären. Nein, das ist natürlich auch nicht der Fall. Es ist allen einfach nur völlig egal. Warum auch nicht?! Eigentlich bekommt von der ganzen YouTube-Sache nur meine Familie etwas mit – und zwar, weil alle regelmäßig für 30–45 Minuten im Haus komplett still sein müssen – immer dann nämlich, wenn ich aufnehme.

Das ganze Essen, das ich koche, essen danach ab und an mal meine Söhne oder Freunde, die vorbeikommen (Funfact: meine Frau so gut wie nie, denn die isst vegetarisch ☺). In den meisten Fällen versuche ich aber, genau eine Portion zu kochen, wenn ich ein Video drehe – sonst würde ich zu viel für den Mülleimer produzieren und das will ich nicht.

Meine Leute um mich herum wissen also zwar, was ich mache, aber sie bekommen eher selten etwas davon ab. Und wenn dann mal im Freundeskreis eine Grill- oder irgendeine andere Party ansteht, dann bin ich eigentlich froh, wenn ich mit dem Essen nichts zu tun habe. ☺

ALLES IMMER KALT?

Es gibt ja das Gerücht, dass YouTuber und Blogger immer kalt essen, schließlich müssen ja noch Fotos vom Essen gemacht werden und das von allen Seiten ... und ich kann an dieser Stelle bestätigen: Ja, manchmal ist das so.

Nachdem die letzte Klappe gefallen ist, ist das meiste, was ich koche, noch heiß oder zumindest verzehrwarm. Das sieht man auch oft in den Videos, weil es noch entsprechend dampft (außerdem habe ich mir nicht nur einmal im Video die Zunge verbrannt). Aber nach dem ersten oder zweiten Bissen im Video beende ich die Aufnahme. Dann wird der ganze Kram erst einmal weggeräumt – und bis ich dann wieder zum Teller komme, ist es oftmals kalt oder zumindest deutlich abgekühlt.

„WER HAT DENN NOCH LUST, MIT VOLLEM MAGEN IRGENDWAS ZU MACHEN?“

Warum ich dann nicht erst aufesse und dann aufräume? Na, wer hat denn noch Lust mit vollem Magen irgendwas zu machen?

OLDIES BUT GOLDIES

BACKFISCH

20 Min.

MIT KNOBLAUCH-MAYO

ZUTATEN FÜR 4 PORTIONEN

Für den Backfisch:

4 Seelachs- oder Kabeljaufilets (à 100–120 g)
Salz & Pfeffer
2 Eier
125 g Mehl (Type 405)
125 ml Bier

Für die Knoblauch-Mayo:

200 ml Sonnenblumenöl
1 Ei
1 Tl Senf
1 Spritzer Zitronensaft
Salz & Pfeffer
3–4 Knoblauchzehen
1 El gehackte Petersilie (TK)

Außerdem:

Fett zum Frittieren

HOW TO:

Die Fischfilets ganz lassen oder in mundgerechte Stücke à ca. 20 Gramm schneiden. (Ich bevorzuge die Häppchen.) So oder so etwas salzen und pfeffern.

Für den Bierteig die Eier trennen. Eigelb mit Mehl und Bier verquirlen. Das Eiweiß mit Salz zu Eischnee schlagen und unter die Biermischung heben, kurz quellen lassen.

In der Zwischenzeit die Knoblauch-Mayo zubereiten. Dafür alle Zutaten in ein hohes schlankes Gefäß geben. Einen Pürierstab ganz nach unten ins Gefäß geben, dann anschalten und langsam nach oben ziehen. Oben am Ende der Masse angekommen, nochmals wieder runter mit dem Pürierstab und noch 1–2-mal durchmixen. Zum Schluss etwas gehackte Petersilie unterrühren. Da wir hier rohes Ei verarbeiten, bitte bedenken: maximal 1 Tag und NUR im Kühlschrank aufbewahren.

Ausreichend Öl im Topf oder in einer Fritteuse auf 180 °C erhitzen (siehe Holzstäbchen-Test auf Seite 11). Fisch durch den Bierteig ziehen und etwa 3 Minuten goldgelb frittieren. Auf Küchenpapier abtropfen lassen und mit der Knoblauch-Mayo servieren.

DIE STORY ZUM REZEPT:

Mit dem Bierteig lassen sich natürlich auch ganz verrückte Sachen machen. In Edinburgh habe ich mal ein in Bierteig getauchtes und ausgebackenes Snickers probiert. Das war erstaunlich lecker. Nicht ganz so verrückt ist folgende Idee, die ich natürlich nicht für mich behalten will: gebackener Blumenkohl. Dazu einfach Blumenkohlröschen 10 Minuten in heißem Wasser blanchieren, abschrecken und abtrocknen. Dann in den Bierteig tauchen und goldbraun ausbacken.

CHAMPIGNONPFANNE

15 Min.

ZUTATEN FÜR 4 PORTIONEN

- 3–4 Knoblauchzehen
- 200 g Crème fraîche
- 100 ml Sahne
- Salz & Pfeffer
- 1 Tl italienische Kräuter (TK)
- 1 Zwiebel
- 500 g frische Champignons
- 3–4 El Pflanzenöl
- 2 Tl Paprikapulver (edelsüß oder rosenscharf nach Belieben)

HOW TO:

1–2 Knoblauchzehen schälen, fein hacken und mit Crème fraîche, Sahne, ½ Teelöffel Salz, 1 Prise Pfeffer und den italienischen Kräutern vermengen.

Die Zwiebel und die restlichen Knoblauchzehen schälen und fein würfeln. Die Champignons säubern, putzen und dann vierteln.

Eine Pfanne auf Stufe 4 von 6 erhitzen, das Öl dazugeben und die Champignons 5–6 Minuten in der Pfanne andünsten. Dann Zwiebel und Knoblauch dazugeben und durchrühren, mit Salz, Pfeffer und Paprikapulver würzen.

Nochmals 2–3 Minuten in der Pfanne belassen und dann in einer Schale mit einem Klecks Knoblauch-Sahne-Sauce servieren.

GANZ EHRLICHER TIPP

AUCH WENN ES UNREALISTISCH KLINGT – WENN NOCH ETWAS VON DER CHAMPIGNONPFANNE ÜBRIG BLEIBT, AM NÄCHSTEN MORGEN EINFACH INS RÜHREI GEBEN UND MIT FRISCHKÄSE AUF DEM BRÖTCHEN GENIESSEN.

KÄSE-LAUCH-HACKFLEISCH-SUPPE

30 Min.

ZUTATEN FÜR 4 PORTIONEN

2 Stangen Lauch, 1 El Öl, 500 g Rinderhackfleisch, Salz & Pfeffer, 1 El Paprikapulver (edelsüß oder rosenscharf nach Belieben), 750 ml Gemüsebrühe, 2 Packungen Schmelzkäse natur (à 200 g), 1 Packung Schmelzkäse Kräuter (à 200 g)

HOW TO:

Die Lauchstangen putzen, der Länge nach halbieren, ordentlich waschen und dann in halbe Ringe schneiden.

In einem hohen Topf bei mittlerer Hitze (die berühmte Stufe 4 von 6) das Öl erhitzen, das Hackfleisch hineingeben und ca. 2 Minuten braten. Ordentlich mit Salz, Pfeffer und Paprikapulver würzen. Anschließend die Lauchringe dazugeben und 5–6 Minuten mitbraten.

Die Gemüsebrühe hinzugießen, alles aufkochen und danach 10 Minuten köcheln lassen. Den Schmelzkäse unterrühren, schmelzen lassen und die Suppe nochmals aufkochen. Danach probieren und gegebenenfalls mit Salz und Pfeffer abschmecken.

DIE STORY ZUM REZEPT:

Ich bin sowieso ein großer Suppenfan – aber für diese Suppe lass ich vieles andere liegen: Käse-Lauch-Hackfleisch-Suppe. Ob es daran liegt, dass ich die früher oft zu Hause genießen durfte oder weil es eben auch eine tolle Partysuppe ist, weiß ich nicht genau. Aber eines ist mal sicher: Sie ist schnell gekocht und superlecker!

CORDON BLEU MIT PÜREE

40 Min.

ZUTATEN FÜR 2 PORTIONEN

Für das Kartoffelpüree:
500 g mehligkochende Kartoffeln
Salz & Pfeffer
125 ml Milch
1 El Butter
etwas geriebene Muskatnuss

Für das Cordon bleu:
2 nicht zu dünne Kalbsschnitzel (à ca. 150 g)
2 Scheiben Emmentaler
2 Scheiben Kochschinken
Salz & Pfeffer
100 g Mehl (Type 405)
100 g Paniermehl
1 Ei

Außerdem:
Butterschmalz zum Ausbacken

Beides bekommt man heutzutage ja schon in besonders schnellen Versionen im Supermarkt. Das Cordon bleu ist teilweise schon vorgegart, das Pü gibt's als schnelle Pulverversion ... Wer aber einmal beides frisch selber gemacht hat, der wird merken: Das geht ja total einfach und ist so lecker ...

HOW TO:

Für das Pü die Kartoffeln schälen, waschen und in grobe Stücke schneiden – so garen sie schneller. In Salzwasser zugedeckt ca. 20 Minuten weich kochen, dann das Wasser abgießen und kurz ausdampfen lassen.

Währenddessen für das Cordon bleu die Kalbsschnitzel mit dem Schmetterlingsschnitt aufschneiden (anders ausgedrückt: waagerecht in das Fleisch tief einschneiden, aber nicht durchschneiden) und aufklappen. Das Fleisch auf Frischhaltefolie legen, eine weitere darüberlegen und das Fleisch mit dem Schnitzelhammer dünn klopfen. Danach die obere Frischhaltefolie entfernen, die eine Hälfte des Kalbsschnitzels mit Käse und Schinken belegen und dann das ganze Stück zuklappen, salzen und pfeffern und mit einem Zahnstocher fixieren.

In einem kleinen Topf die Milch erhitzen, die Butter untermischen und mit Salz, Pfeffer und Muskatnuss würzen. Die Kartoffeln stampfen, dann die heiße Milch dazugeben und alles cremig unterrühren – fertig!

Mehl und Paniermehl in zwei Kummen bereitstellen. In einer dritten Kumme das Ei verquirlen. Die beiden Schnitzel nun zuerst in Mehl wenden, dann durch das Ei ziehen und schließlich in Paniermehl baden.

In einer Pfanne ordentlich Butterschmalz erhitzen und das Cordon bleu auf jeder Seite 4–5 Minuten ausbacken. Heiß mit dem Pü servieren. Mahlzeit!

GANZ EHRLICHER TIPP

DAS ZUGEGEBEN TEURE KALBFLEISCH KANN MAN OHNE SCHLECHTES GEWISSEN AUSTAUSCHEN: SCHWEINESCHNITZEL SCHMECKT AUCH WUNDERBAR. ICH NEHME AUCH IMMER WIEDER MAL PUTENSCHNITZEL! FINDET EINFACH EUREN FAVORITEN.

GANZ EHRLICHER TIPP

WER NOCH NÄHER AN DEN IMBISS-STYLE RAN WILL, DER NIMMT SCHASCHLIKKETCHUP. UND WER KEIN SCHWEIN NEHMEN MÖCHTE, DEM KANN ICH PUTENFLEISCH EMPFEHLEN.

SCHASCHLIKSPIESSE MIT REIS

35 Min.

ZUTATEN FÜR 4 PORTIONEN

400 g Schweineschnitzel am Stück
2 Paprikaschoten
2 große Gemüsezwiebeln
Salz & Pfeffer
2 El Öl
2 Dosen Pizzatomaten (à 425 g)
200 ml Gemüsebrühe
10 El Ketchup
200 g Langkornreis

Außerdem:

4 Spieße (aus Holz oder Edelstahl)

HOW TO:

Das Fleisch in 2–3 cm große Stücke schneiden. Die Paprikaschoten halbieren, entkernen und ebenfalls in 2–3 cm große Stücke schneiden. Die Gemüsezwiebeln schälen, halbieren, die einzelnen Lagen auseinandernehmen und ebenso in 2–3 cm große Stücke schneiden.

Dann Fleisch, Paprika und Zwiebel nacheinander aufspießen, salzen und pfeffern. In einer Pfanne das Öl erhitzen und die Spieße darin kurz rundum anbraten.

Den Backofen auf 180 °C vorheizen. In einer Schüssel Pizzatomaten, Brühe und Ketchup vermengen und ungefähr die Hälfte auf den Boden einer Auflaufform gießen. Die angebratenen Spieße reinlegen und den Rest der Sauce darübergeben. Wenn noch Paprika- und Zwiebelstücke übrig sind, ebenfalls reingeben und die Schaschlikspieße ca. 20 Minuten garen.

In der Zwischenzeit den Reis nach Packungsangabe kochen. Die Schaschlikspieße mit Reis und Sauce servieren.

DIE STORY ZUM REZEPT:

Habt ihr noch einen klassischen Imbiss bei euch in der Nähe? Also keine stylishe Burgerbude, keinen Asia-Laden und keinen Döner-Grill, sondern noch so ein Überbleibsel von früher? Meist stand eine ältere Dame hinterm Tresen, und es gab halbe Hähnchen, Currywurst und selbst gemachte Frikadellen. Und wenn man richtig viel Glück hatte und nicht zu spät kam, gab es selbst gemachte Schaschlikspieße mit Reis ...

GEBACKENER CAMEMBERT

30 Min.

MIT PIKANTEM PREISELBEER-KETCHUP

ZUTATEN FÜR 2 PORTIONEN

Für den Preiselbeer-Ketchup:
6 El Ketchup
2 El Preiselbeeren
Pfeffer
scharfe Sauce nach Wahl (z. B. Sriracha-Sauce)

Für den Camembert:
2 kleine, runde Camemberts
2 El Mehl (Type 405)
2–3 El Paniermehl
1 Ei

Für das Dressing:
1 El Essig
3 El Olivenöl
½ Tl Senf
½ Tl Zucker
Salz & Pfeffer

Außerdem:
Öl zum Ausbacken
Salat nach Geschmack oder Salatmischung

Ich bin mir sicher, dass so ziemlich jeder schon mal einen Camembert im Ofen gemacht hat oder einen kennt, der die kleinen Käsehappen gerne isst. Und die allermeisten greifen dafür ins Tiefkühlregal. Dann kommen die Camemberts in den Ofen, und am Ende ärgert man sich, dass das Innere entweder noch tiefgekühlt oder schon ausgelaufen ist. Dabei geht es so einfach und schnell und den Ofen brauchen wir auch nicht!

HOW TO:

Ketchup und Preiselbeeren verrühren und mit Pfeffer und der scharfen Sauce pikant abschmecken.

Von den Camemberts die äußere Schicht mit einer Gabel etwas anritzen, dann nach Belieben quer halbieren.

Mehl und Paniermehl in zwei Kummen bereitstellen. In einer dritten Kumme das Ei verquirlen. Die Camemberts zuerst in Mehl, dann im Ei und dann im Paniermehl wenden. Am besten danach nochmals im Ei und im Paniermehl wenden.

In Pfanne, Topf oder Fritteuse ausreichend Öl auf 180 °C (siehe Holzstäbchen-Test auf Seite 11) und den Käse auf jeder Seite etwa 3 Minuten ausbacken, herausnehmen und auf Küchenpapier kurz abtrocknen lassen.

Alle Zutaten für das Dressing vermischen, den Salat damit anmachen und auf jeden Teller etwas Salat sowie zwei halbe Camemberts geben. Pikantes Preiselbeer-Ketchup extra reichen.

GANZ EHRLICHER TIPP

STATT DES PIKANTEN DIPS GEHT NATURLICH AUCH EINE SÜSSE ALTERNATIVE WIE ERDBEERMARMELADE. MIR PERSÖNLICH SCHMECKT ES AB UND AN AUCH SEHR GUT MIT SAHNEMEERRETTICH.

CEVAPCICI

1 Std. 40 Min.

MIT DJUVEC-REIS

ZUTATEN FÜR 4 PORTIONEN

Für die Cevapcici:

3–4 Knoblauchzehen
600 g Schweinehackfleisch
3 Tl Paprikapulver (edelsüß oder rosenscharf nach Belieben)
1 Tl Salz
½ Tl gemahlener Pfeffer
1 Päckchen Backpulver
2 El Öl

Für den Djuvec-Reis:

1 rote Paprikaschote
1 Zwiebel
1 El Öl
250 g Langkornreis
100 g Ajvar
100 g TK-Erbsen

Ich entschuldige mich schon mal im Voraus, denn Cevapcici-Rezepte gibt es so viele, und die meisten davon sind Omas Familienrezept. Irgendeiner wird also immer sagen: „Nee, so geht das nicht!" Aber ich kann behaupten: Das hier ist ***mein*** *Lieblingsrezept für Cevapcici, und das gesamte Gericht bringt einen kleines bisschen Balkan-Urlaub auf den Teller.*

HOW TO:

Den Knoblauch schälen und pressen oder in einem Mörser klein stampfen. Knoblauch, Fleisch, Gewürze und Backpulver in eine Kumme geben und gut durchkneten. Das darf auch mal 5 Minuten dauern.

Danach mit der Hand in die typischen Rollen formen und mindestens 1 Stunde im Kühlschrank kühl stellen.

Für den Djuvec-Reis die Paprika putzen und würfeln, die Zwiebel schälen und fein würfeln. In einem Topf das Öl erhitzen und Paprika- sowie Zwiebelwürfel darin unter Rühren anbraten. Nach 3–4 Minuten den Reis dazugeben und ebenfalls ca. 2 Minuten anbraten. Anschließend mit 400 Milliliter Wasser ablöschen. Ajvar dazugeben, alles verrühren und mit dem Deckel verschlossen ca. 20 Minuten sanft köcheln lassen. Regelmäßig rühren nicht vergessen und 5 Minuten vor dem Ende der Garzeit die Erbsen unterrühren.

Während der 20 Minuten, die der Reis braucht, eine Grillpfanne mit Öl erhitzen und die Cevapcici darin rundum schön braun braten. Zusammen mit Reis servieren und als Sauce noch 'nen Klecks Ajvar dazugeben. Fertig!

GANZ EHRLICHER TIPP

ALTERNATIV AUS DER FLEISCHMASSE BÄLLCHEN FORMEN. ANBRATEN, 400 G STÜCKIGE TOMATEN, 100 G AJVAR UND ETWAS FETA DAZUGEBEN UND ALLES 25 MINUTEN MIT DECKEL SCHMOREN LASSEN.

GANZ EHRLICHER TIPP

WEM DIE WEDGES NICHT KNUSPRIG GENUG GEWORDEN SIND: DAS ÖL AUS DER SCHNITZELPFANNE ETWAS ENTFERNEN UND DANN DIE WEDGES PORTIONSWEISE KURZ VON ALLEN SEITEN NOCH MAL ANKNUSPERN.

JÄGERSCHNITZEL MIT WEDGES

50 Min.

ZUTATEN FÜR 4 PORTIONEN

Für die Wedges:
1 kg Kartoffeln
4 El Pflanzenöl
2 Tl Salz, ½ Tl gemahlener Pfeffer
1 El Paprikapulver (edelsüß oder rosenscharf nach Belieben)

Für die Schnitzel:
4 Schweineschnitzel (à ca. 150 g)
Salz & Pfeffer
2–3 El Mehl
3–4 El Paniermehl, 1 Ei

Für die Jäger-Sauce:
500 g Champignons
1 Zwiebel
1 Bund krause Petersilie (oder TK)
1 El Mehl, 250 ml Sahne
Salz & Pfeffer

Außerdem:
Öl zum Braten
Butterschmalz zum Ausbacken

HOW TO:

Den Backofen auf 200 °C vorheizen. Die Kartoffeln waschen, halbieren und dann aus jeder Hälfte 3 Wedges schneiden. Öl und Gewürze vermengen und die rohen Wedges darin wenden. Auf ein mit Backpapier ausgelegtes Backblech geben und 30–40 Minuten garen. Fertig.

Die Schnitzel flach klopfen, salzen und pfeffern. Mehl und Paniermehl in zwei Kummen bereitstellen. In einer dritten Kumme das Ei verquirlen. Die Schnitzel erst in Mehl, dann im Ei und schließlich in Paniermehl wenden und zur Seite stellen. Für die Sauce die Champignons putzen und in Scheiben schneiden. Die Zwiebel schälen und klein würfeln. Die Petersilie klein hacken.

In einer Pfanne etwas Öl erhitzen und die Champignons darin 2–3 Minuten anbraten. Dann aus der Pfanne nehmen. Wieder etwas Öl in die Pfanne geben, die Zwiebelwürfel anbraten und nach 2 Minuten mit dem Mehl bestäuben. Etwa 1 Minute mitschwitzen, dann die Sahne angießen und etwas andicken lassen. Danach Pilze und Petersilie dazugeben und nur noch warm stellen.

In einer Pfanne das Butterschmalz zum Ausbacken (so viel, dass die Schnitzel leicht schwimmen) heiß werden lassen und die Schnitzel auf jeder Seite 3–4 Minuten ausbacken. Zusammen mit Wedges und Champignons servieren.

DIE STORY ZUM REZEPT:

Ich bin sowohl beruflich als auch wegen meines YouTube-Kanals immer mal wieder in Deutschland unterwegs. Wenn ich auswärts schlafen muss, versuche ich, ein Zimmer in einem urigen Gasthof zu finden. Die sind meist zwar etwas in die Jahre gekommen, aber dafür wird im Gasthof unten noch gekocht. Wenn ich dann noch ein Jägerschnitzel auf der Karte finde, dann freue ich mich wie Bolle …

FALSCHER HASE

1 Std.

ZUTATEN FÜR 4 PORTIONEN

Für den Hackbraten:
4 Eier
1 Zwiebel
2 El Öl
500 g gemischtes Hackfleisch
4 El Paniermehl
3 Tl Senf
1 Tl Salz
½ Tl gemahlener Pfeffer
1–2 El Butter

Für die Erbsen und Möhren:
600 g Möhren
1 El Butter
300 g Erbsen (TK)
Salz & Pfeffer
1 Prise Zucker

GANZ EHRLICHER TIPP

WER KEINE EIER IN SEINEM HACKBRATEN WILL, DER LÄSST DIE EBEN WEG. ODER ERSETZT SIE DURCH EIN PAAR DICKERE STÜCKE KÄSE. ALS ALTERNATIVE KANN AUCH EIN BISSCHEN BACON DRUMHERUM GEWICKELT WERDEN.

HOW TO:

3 Eier anstechen (ist doch klar) und hart kochen (10 Minuten). Abgießen, abschrecken und auskühlen lassen.

In der Zwischenzeit die Zwiebel schälen und würfeln. In einer Pfanne etwas Öl erhitzen und die Zwiebel darin leicht glasig dünsten. Zwiebel, Hack, Paniermehl, das verbliebene rohe Ei, Senf, Salz und Pfeffer vermischen und ordentlich verkneten.

Backpapier ausbreiten und einen ca. 20 x 20 cm großen Fleischfladen auslegen. Die gepellten Eier in die Mitte legen, mit dem Hack von der Seite bedecken und alles zu einem kompakten Laib formen. (Wer hat, kann auch eine mit Backpapier ausgelegte Brotform nehmen und den Braten darin ausformen.)

Den Backofen auf 180 °C vorheizen. Den Falschen Hasen zusammen mit dem Backpapier auf ein Backblech geben. Die Butter zerlassen und über den ganzen Hasen verteilen. Den Braten in den Ofen geben und ca. 40 Minuten backen. Danach den Backofen ausschalten, die Backofentür öffnen und den Hackbraten noch mal 10 Minuten ruhen lassen.

Währenddessen die Möhren putzen, schälen und in Scheiben schneiden. In einem Topf die Butter zerlassen, die Möhren darin 4–5 Minuten andünsten. Danach 100 ml Wasser dazugeben und ca. 10 Minuten garen. Danach die Erbsen dazugeben und nochmals 5 Minuten mitgaren. Mit Salz, Pfeffer und Zucker abschmecken. Den Hackbraten aus dem Ofen nehmen, in Scheiben schneiden und mit dem Gemüse servieren.

PFANNENGYROS

2 Std. 20 Min.

ZUTATEN FÜR 4 PORTIONEN

Für das Gyros:

1 Knoblauchzehe
1 Zwiebel
1 Tl Salz
½ Tl gemahlener Pfeffer
1 El edelsüßes Paprikapulver
2 Tl Oregano
2 Tl Thymian
ca. 5 El Öl
500 g Schweineschnitzel

Für den Salat:

½ Gurke
200 g Cocktailtomaten
1 gelbe Paprikaschote
200 g Fetakäse
1 Zwiebel

Für das Dressing:

4 El Olivenöl
2 El Essig
½ Tl Senf
1 El gehackte Petersilie (TK)
Salz & Pfeffer

Pfanne und Gyros schließen sich eigentlich gegenseitig aus, denn Gyros steht für „Kreisel“ bzw. „Grillspieß“. Aber auch ohne Spieß müssen wir nicht auf dieses griechisch angehauchte Gericht verzichten. Am Ende steht ein toller Teller auf dem Tisch, und mir bleibt nur zu wünschen: kalí órexi!

HOW TO:

Knoblauch und Zwiebel schälen und fein würfeln. Mit den Gewürzen und so viel Öl vermengen, bis eine flüssige Marinade entsteht. Kurz ziehen lassen.

Die Schnitzel in Streifen schneiden, in die Marinade legen und das Ganze 1–2 Stunden im Kühlschrank marinieren.

Für den Salat die Gurke würfeln, die Tomaten nach Geschmack halbieren. Die Paprikaschote entkernen und würfeln, den Feta ebenfalls würfeln. Die Zwiebel schälen und in feine Streifen schneiden. Alles in einer Kumme vermengen. Für das Dressing alle Zutaten miteinander verrühren und den Salat damit anmachen.

Das Gyros aus der Marinade nehmen. Etwas abtropfen lassen, dann in einer heißen Pfanne ca. 10 Minuten braten und mit dem Salat servieren.

HÄHNCHENSCHENKEL

50 Min.

MIT KARTOFFELN AUS DEM OFEN

ZUTATEN FÜR 4 PORTIONEN

Für die Hähnchenschenkel:

2 Tl Paprikapulver (edelsüß oder rosenscharf nach Belieben)
1 Tl Salz
1 Tl Zucker
1 Tl weißer gemahlener Pfeffer
1 Tl mildes Currypulver
2 El Öl
4 große Hähnchenkeulen

Für die Kartoffeln:

8–10 Kartoffeln
2 El Öl
Salz & Pfeffer

Das Tolle an diesem Gericht? Alles lässt sich vorbereiten und anschließend gleichzeitig in einem Rutsch fertigstellen. So kann man am Sonntag schön auf der Couch warten, bis alles fertig ist, und dann gemeinsam ein tolles Essen genießen.

HOW TO:

Die Gewürze mit dem Öl vermengen und die Hähnchenschenkel damit einreiben. Im Kühlschrank etwa 2 Stunden ziehen lassen.

Den Backofen auf 180 °C vorheizen. Die Kartoffeln halbieren, in dem Öl wenden, salzen und pfeffern und auf einem tiefen mit Backpapier ausgelegten Backblech verteilen.

Ein bisschen Wasser hinzugießen, die Hähnchenschenkel drauflegen und alles zusammen auf der untersten Schiene im Ofen etwa 45 Minuten backen – fertig!

GEBRANNTE MANDELN

15 Min.

AUS DER MIKROWELLE

FÜR 4 PORTIONEN

4 El brauner Zucker
1 Tl Zimt
1 Päckchen Vanillezucker
200 g Mandeln

HOW TO:

Alle Zutaten, bis auf die Mandeln, in einer mikrowellengeeigneten Kumme mit 2 Esslöffeln vermischen und anschließend bei 600 Watt für 1 Minute in die Mikrowelle geben. Die Masse ist dann warm und flüssig. Nun die Mandeln hinzugeben und kräftig durchrühren.

Danach kommt die nächste Mikrowellennummer: alles wieder bei 600 Watt, aber dieses Mal für 2 Minuten in die Mikrowelle geben.

Nach dem berühmten „Ping“ rausholen, gut durchrühren und dann ein letztes Mal für 1 weitere Minute bei 600 Watt in die Mikrowelle geben.

In der Zwischenzeit ein Backpapier ausbreiten und die heißen Mandeln nach dem „Ping“ zum Auskühlen auf dem Backpapier ausbreiten. Nach etwa 10 Minuten sind die Mandeln zum Verzehr geeignet.

DIE STORY ZUM REZEPT:

Wenn man Videos dreht, dann geht auch mal was schief – das kann man nahezu nach jedem Video von mir sehen, da ich immer Outtakes beischneide – sofern welche vorhanden sind.

Es ist mir aber erst ein Rezept so richtig in die Hose gegangen: gebrannte Mandeln aus der Pfanne. In mehreren Versuchen habe ich am Ende sämtliche Mandeln vernichtet und dazu noch eine recht neue Pfanne völlig verklebt.

Also musste eine Version her, die ich auch hinbekomme, und da habe ich diese Mikrowellen-Version versucht. Ich muss sagen: SPITZENMÄSSIG, denn viel einfacher, viel schneller und mindestens genauso lecker ... ehrlich eben. ☺

GANZ EHRLICHER TIPP

VARIIERT DIE MANDELN MAL NACH EUREM GUSTO. ETWAS CHILIFLOCKEN ZUM ZUCKER ODER GAR ETWAS WASABI-PASTE DAZUGEBEN – DAS ERGIBT SOFORT EIN VÖLLIG NEUES GESCHMACKSERLEBNIS.

YOUTUBE UND DIE NEBENWIRKUNGEN

Wer einen YouTube-Kanal hat und dazu noch ein paar Zuschauer, der wird schnell merken, dass es da noch ein paar Begleiterscheinungen gibt … Mit Zuschauern hat man Reichweite und mit Reichweite wird man plötzlich interessant. Oberflächlich betrachtet klingt das jetzt erst einmal nur nach Werbung – das muss aber gar nicht immer so sein. OK, Influencer (und ich finde den Namen furchtbar – klingt nicht umsonst nach 'ner Grippe) haben oftmals den Ruf, ihre Zuschauer für Werbung zu missbrauchen. Und ganz ehrlich – oftmals haben sie den auch zu Recht. Aber es gibt auch tolle Möglichkeiten der Zusammenarbeit! Nur durch YouTube durfte ich schon bei Kabel 1 „Abenteuer Leben" mitwirken. Nur durch YouTube durfte ich acht Tage lang durch Südafrika reisen und meinen Zuschauern von einer Braai-Reise berichten (Braai ist das südafrikanische Grillen). Nur durch YouTube habe ich die Möglichkeit bekommen, meine eigenen Gewürze zu kreieren, und vor allen Dingen: Auch dieses Buch würde es ohne YouTube bestimmt nicht geben!

FEEDBACK, KOMMENTARE UND DIE INTERNET-TROLLE

YouTube ist eine Plattform, auf der die einen ihre Videos hochladen und die anderen sich diese ansehen können. Und wer Videos auf YouTube hochlädt, der muss auch damit leben, dass er Meinungen von anderen bekommt – entweder als „Daumen hoch" oder „Daumen runter" und manchmal sogar als Kommentar.

In meiner bisherigen Laufbahn konnte ich fast 600.000 „Daumen hoch" sammeln, aber auch 30.000 „Daumen runter". Und über 100.000 Mal haben mir Menschen ihre Meinung zu meinen Videos geschrieben. Ich behaupte, fast jeden gelesen zu haben, denn ich gucke mir jeden Morgen die neusten Kommentare an. Früher habe ich noch versucht, auch immer etwas zurückzuschreiben, aber das schaffe ich nicht mehr. Leider. Ich freue mich wirklich über jeden nett gemeinten Kommentar, auch über eine andere Meinung und natürlich auch über konstruktive Kritik, auch wenn die natürlich niemand richtig gerne liest. Was ich aber gar nicht mag, sind die Beleidigungen! Ich frag mich immer noch, was in den Köpfen derer vorgeht, die diese Plattform nutzen, um andere Menschen zu beschimpfen.

„WER VIDEOS AUF YOUTUBE HOCHLÄDT, DER MUSS AUCH DAMIT LEBEN, DASS ER MEINUNGEN VON ANDEREN BEKOMMT"

Zum Glück geht mir das am berühmten Popo vorbei und diese Trolle werden geblockt (können also in Zukunft nichts mehr auf meinem Kanal schreiben). Aber: Es gibt sicherlich zart besaitetere Seelen, die das nicht so einfach wegstecken können und denen sei gesagt: Wer auf YouTube Videos veröffentlicht, der muss mit solchen Dingen umgehen können. Wer das nicht kann, sollte sich besser ein anderes schönes Hobby suchen. Und den Trollen sei gesagt: Get a life!

DU MÖCHTEST AUCH YOUTUBE MACHEN?

Ich werde so oft gefragt, was man machen muss, um einen YouTube-Kanal zu haben und ob es irgendwelche Geheimtipps gibt, um viele Menschen zu erreichen ... Meine Antworten sind immer die gleichen:

a) Du musst nur anfangen.
b) Ein paar Tipps gibt es da schon.

Antwort a) ist übrigens das Wichtigste überhaupt. Es gibt keinen guten oder schlechten Moment, um einen YouTube-Kanal zu gründen. Es gibt nur machen! Und jetzt kommen noch ein paar Tipps:

- **Die Ausrüstung ist für den Anfang überhaupt nicht wichtig.** Man kann heutzutage mit fast jedem Handy Full-HD filmen und die Mikrofone sind auch gut. Um YouTube mal auszuprobieren, reicht das vollkommen. Ich habe das erste Jahr mit einem No-Name-China-Camcorder für 69,- Euro gearbeitet und es hat sich niemand darüber beschwert. Zumindest damals.

- **Such dir ein Thema, das zu dir passt.** Nur wenn du voll und ganz hinter dem Thema stehst, kommt es auch entsprechend beim Zuschauer an.

- **Sei du selbst!** Das ist das Wichtigste an einem YouTube-Kanal. Verstell dich nicht! Wenn du eher leise und schüchtern bist, dann versuche nicht auf Rampensau zu machen und andersrum gilt das genauso.

- **YouTube ist kein Fernsehen.** Bei TV-Produktionen ist alles total durchgestylt, alles perfekt beleuchtet, der Sound genau eingerichtet und alles durchdacht und geplant. Aber das brauchst du bei YouTube nicht! Die Menschen möchten andere Menschen bei ihrem Hobby sehen oder ihre Leidenschaft teilen. Da ist es okay, wenn das Bild mal ruckelt, der Wind mal durch den Sound bläst, du mal fluchst oder schimpfst. Ich glaube eben, dass genau das den Erfolg von YouTube ausmacht.

- **YouTube ist ein Marathon – kein Sprint.** Du musst nicht innerhalb der ersten vier Wochen zwölf Videos hochladen. Plane langfristig und lade über einen längeren Zeitraum immer mal wieder ein neues hoch. Auf YouTube Zuschauer zu erreichen und zu binden ist ein lange währender Prozess. Wer glaubt, er hat nach einem Monat über 1000 Abonnenten oder mehr, der hat sich in den meisten Fällen geirrt. Bei mir hat es bis zum 1000. Abonnenten fast sechs Monate gedauert ...

- **Mach es aus Spaß!** Wenn du es machen willst, weil du meinst, damit schnell Geld zu verdienen, dann lass es lieber gleich.

Wenn du die Tipps beherzigst, kann ich dir zwar auch nicht garantieren, dass du megaschnell sehr erfolgreich wirst, aber was ich dir garantieren kann ist: Du wirst jede Menge Spaß haben, in den meisten Fällen sehr nette Menschen kennenlernen und auf jeden Fall ein tolles Hobby gefunden haben!

REZEPTVERZEICHNIS

IMPRESSUM

Texte und Rezepte
Alle Texte und Rezepte: Marco Schmidbauer

Fotografie
Alle Rezeptfotos: TLC Fotostudio
Alle Fotos von Marco Schmidbauer: Maria Brinkop

Weitere Bebilderung
Alle Video-Stills: Marco Schmidbauer
Illustrationen: Megafon (S. 6) © nicknik93759375 – stock.adobe.com, Uhr (alle Rezeptseiten) © Lysenko.A – stock.adobe.com